室町時代の祇園祭　目次

第四章　伝えられた室町時代の祇園祭……180

室町時代の祇園祭

はじめに

室町時代京都の祇園祭

本書は、現代人のだれも目にしたことがない過去の祇園祭について、それを歴史的にみていこうとするものである。もっとも、歴史はそもそも失われた過去であり、だれも目にしたことがない祇園祭というのは、それこそ数えきれないほどにあるといってもよい。そのような数かぎりないもののなかから、本書では、とくに室町時代京都の祇園祭に焦点をあててみたいと思う。

それでは、なぜそれが室町時代なのか。その理由は、おおよそ平安時代からはじめられ、そして、現代にまで伝えられてきた祇園祭のなかで、室町時代のものがもっとも盛大だったという点にもとめられるだろう。

とはいえ、だれも目にしたことがないといっているのに、なぜ室町時代の祇園祭がもっとも盛大だったといえるのか。この点については、室町時代の祇園祭を実際に目にした公家の近衛政家（このえまさいえ）が、応仁・文明の乱による中断をへて三三年ぶりに再興された戦国時代の祭礼を目のあたりにして、「一乱以前のごときにあらず、もっとも略儀なり」と、その日記（『後法興院記（ごほうこういんき）』明応（めいおう）九年六月七日条）に記していることが手がかりとなる。

じつは、このときに再興された戦国時代の祇園祭を出発点にして「動く美術館」とも評される現代の祇園祭もまた、紆余曲折をへて伝えられている。そして、それらが「もっとも略儀」とされる以上、室町時代の祇園祭こそがもっとも盛大だったことになろう。

ただし、近衛政家が話題にしているのは、山鉾巡行についてだけであり、祇園祭を構成する、もうひとつの祭事である神輿渡御（とぎょ）は別である。現在もそうだが、祇園祭は神輿渡御と山鉾巡行のふたつの祭事によってなりたっている。このようなかたちになったのは、おおよそ鎌倉時代末期から南北朝時代以降と考えられている。

したがって、本書でみていこうという室町時代の祇園祭とは、神輿渡御と山鉾巡行のふたつの祭事がそろいはじめたころとなる。現在みられるようなかたちの出発点ともいえよう。

ところで、室町時代の祇園祭については、数こそ多いとはいえないものの、重要な研究がそろっていることでも知られている。たとえば、神輿渡御については、脇田晴子氏の先駆的な研究〔脇田晴子　一九六四、二〇一六〕をうけついだ瀬田勝哉氏や下坂守氏の研究〔瀬田勝哉　二〇〇九〕〔下坂守　二〇〇一、二〇一一、二〇一四〕また、山鉾巡行については、それを見物する室町将軍の「祇園会御成（ぎおんえおなり）」とよばれる行事に注目した二木謙一氏や大塚活美氏の研究〔二木謙一　一九八五〕〔大塚活美　二〇〇五〕などがその代表である。

これらはいずれも歴史学（文献史学）の研究だが、このほかにも民俗学〔植木行宣　二〇〇一〕〔山路興造　二〇〇九〕〔植木行宣・福原敏男　二〇一六〕や美術史〔泉万里　二〇一三〕〔八反裕太郎　二〇一八〕の研究もみのがすわけにはいかない。

そのくわしい内容については、各章のなかでふれていくことにして、本書では、以上のような先行研究に、著者自身がつづけてきた作業〔河内将芳　二〇〇六、二〇〇七、二〇一二、二〇一五〕も重ねあわせていきたいと思う。

その結果として、だれも目にしたことがない室町時代の祇園祭にどこまでせまることができるのか、視界良好とまではいかないものの、少しでもまえにすすんでいくことができればと思う。

それでは、まえおきはこれぐらいにして、さっそく本題へと入っていきたいところだが、本書は全体にわたって室町時代の京都を舞台とした話となるので、あらかじめ関連する地域や施設の場所（図1参照）、あるいは登場する組織（集団）などについてもふれておくことにしよう。

河東の祇園社

そこでまずは、祭神が祀られる祇園社（現在、八坂神社）についてである。その場所は、おおよそ現在と同じく、京都の東方、いわゆる東山連峰の麓となる。かつての平安京、そして室町時代の京都からみても、南北に流れる鴨川のむこう側、河東となる。

したがって、祭神をのせた神輿（現在と同じく三基）が京都へ移動してくるためには鴨川を渡らなければならなかった。その渡りかたについては、のちにくわしくみるとして、鴨川を渡り、河原を通ったあとの神輿は、平安京以来の道筋のひとつであり、東西に走る四条大路（現在、四条通）へとむかったと考えられる。

写真1　八坂神社

その後、神輿がすすむその先には朱色の「祇園大鳥井」（『言継卿記』天文一三年七月九日条）のすがたが室町時代にはみえたはずである。この鳥居は、『一遍上人絵伝』（清浄

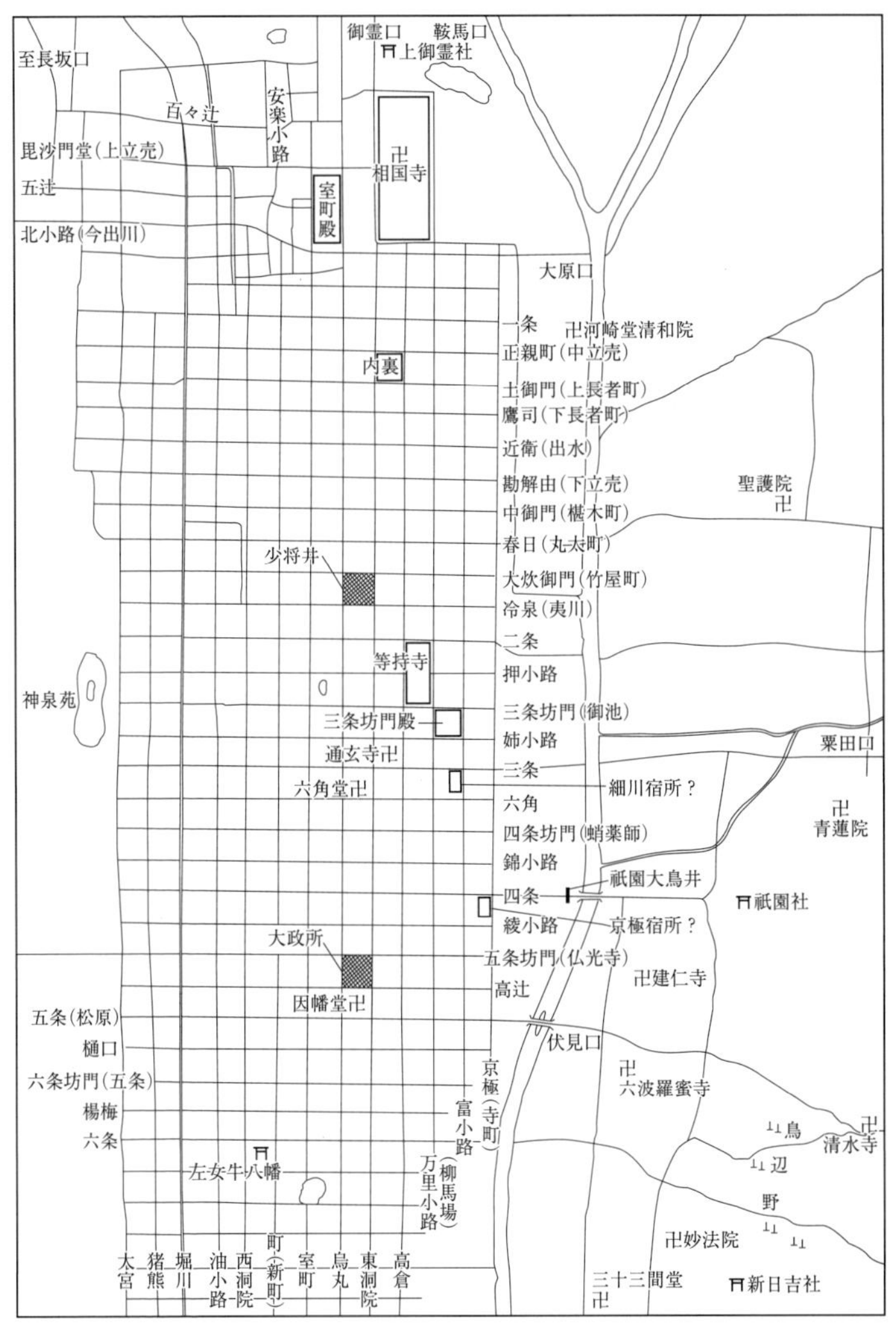

図1　室町時代の京都
（榎原雅治編『一揆の時代』〈吉川弘文館、2003年〉所収図を加工）

光寺所蔵）にそのすがたがみられることから、鎌倉時代にはすでに存在していたと考えられる。場所は鴨川西岸の「堤」（下坂守　二〇一六a）。現在、四条通と河原町通が交差するところを少し西へすすんだあたりである。

室町時代においても、この「祇園大鳥井」までが「祇園社領四至」の「西限」（『八坂神社文書』増補篇）をあらわしていたが、戦国時代の天文一三年（一五四四）七月の「大洪水」によって「流失」（『言継卿記』同年七月九日条）して以降は再建されなかったらしい。したがって、そのすがたを現在みることはできない。

洛中（上京と下京）

三基の神輿は、その「祇園大鳥井」をくぐったのち、平安京の東端にあたる京極（東京極）大路（現在、寺町通）も通り過ぎ、三基のうち二基は南下して大政所御旅所へ入り、残りの一基は北上して少将井御旅所へと入った。

このように神輿が神社から御旅所へ移動する祭事を神輿渡御というが、祇園祭の場合、御旅所は室町時代には二カ所存在した。それが現在のように一カ所に統合されたのは、豊臣（羽柴）秀吉の時代になってからである。

また、図1からわかるように、大政所御旅所と少将井御旅所は、ともに京極大路より西側に所在しており、京中（洛中）にあったことになる。つまり、祭礼にあたって、神輿は京外（洛外）から京中（洛中）へと迎え入れられるかたちになっていた。ところが、一カ所に統合された御旅所は京極大路より東側に所在する。室町時代の感覚からいえば、京外から京外へ渡るかたちに大きく変貌してしまったことになろう。

図1をみてもわかるように、二カ所の御旅所のあいだはかなりはなれていた。少将井御旅所は、室町時代でいえば、上京（かみぎょう）とよばれた地域にあたるし、また、大政所御旅所は下京（しもぎょう）にあたるからである。

かつての平安京のうち、朱雀（すざく）大路より西側半分の右京はすでに鎌倉時代には京域とはみなされなくなっていた。それを裏づけるように、鴨長明（かものちょうめい）の随筆『方丈記（ほうじょうき）』にも「京のうち、一条よりは南、九条より北、京極より西、朱雀よりは東」とみえる。

「京のうち」＝京中は、「一条」大路（現在、一条通）より南側、「九条」大路（現在、九条通）より北側、「京極」大路（現在、寺町通）より西側、「朱雀」大路（現在、千本通）より東側と明記されているが、この範囲は、平安京の東側半分の左京にあたる。

その左京には、平安時代に「洛陽」という「唐名（とうみょう）」もつけられていたため（『帝王編年記（ていおうへんねんき）』）、そのなか、つまり京中を「洛中」ともよびならわすことになった。上京とは、この京中（洛中）のうち、東西に走る二条大路より北側を意味し、下京とは、その南側を意味する。室町時代の史料では、上辺（かみわたり）、下辺（しもわたり）とも出てくるが、山や鉾は、このうち下京（下辺）のなかを巡行した。

山鉾巡行は、平成二六年（二〇一四）以降、およそ五〇年ぶりにふたつにわかれて巡行するようになったが、これが本来のかたちであり、室町時代でも同様である。旧暦の六月七日（現在、七月一七日）に巡行する山鉾は四条大路を西から東へ、そして、旧暦六月一四日（現在、七月二四日）に巡行する山鉾は三条大路（現在、三条通）を西から東へとすすんだ。

江戸時代以降、これらふたつの山鉾巡行は前祭（さきまつり）と後祭（あとまつり）とよばれるようになったが、そのあいだが七日間であるのは、神輿が御旅所に七日間滞在していることに対応したものである。したがって、この七日間こそが、祇園祭においてはもっとも重要な時期といえよう。

武家と公家

室町時代、京都に拠点をおいた幕府の長である室町将軍や室町殿（むろまちどの）（足利家の家督）は、この山鉾巡行をしばしば見物したことで知られている。将軍の御所は、三代将軍足利義満（よしみつ）と四代将軍足利義持（よしもち）以降、上京の室町殿（花御所（はなのごしょ））と下京の三条坊門殿（さんじょうぼうもんどの）のいずれかがつかわれるようになったが、祇園祭を見物するさいには、その御所をはなれ、守護が構えた桟敷（観覧席）にのぞんで見るのを習わしとしていた。

　桟敷は路上に構えられることもあり、また、守護の宿所に付随するかたちで構えられることもあった。そのこともあって、将軍や室町殿が守護の宿所へ御成するようすもみられたが、これが「祇園会御成」とよばれるものである。このように、将軍や室町殿は、山や鉾をみずからの御所へよびよせるのではなく、見物するためにわざわざ下京へとやってきたことがあきらかとなる。

　いっぽう、京都には、室町幕府が成立するよりまえから公家社会が根ざしており、その公家社会の長たる上皇や天皇が住まう仙洞や内裏（禁裏）も上京に所在していた。ただし、上皇や天皇は、室町将軍らのように御所からたやすく移動するというわけにはいかず、したがって、図1をみてもわかるように、山鉾巡行を見物することなどとうてい不可能なように思われる。ところが、室町時代では、上皇や天皇も山や鉾を見物したことが確認できる。それでは、どのようにして彼らは見物したのか、この点についても本書のなかでみていくことにしよう。

比叡山延暦寺

　さて、図1の上京や下京から東北方面をのぞめば、そこには、ひときわ大きな山並みがみえたはずである。比叡山である。そして、その山中において東塔・西塔・横川の三塔と谷々に分かれて宗教的な活動を展開していたのが、延暦寺大衆であった〔下坂守　二〇〇一、二〇一一、二〇一四〕。

室町時代を含めた中世において、延暦寺は奈良の興福寺とともに南都北嶺とならび称される有力な寺社勢力であった。とくに京都に対して延暦寺は、宗教的にも政治的にも、あるいは経済的にも人的にも大きな影響力をおよぼしていたことが知られている。

祇園社もまた、室町時代においては、延暦寺横川の末寺であり、また、延暦寺を守護する日吉社の末社でもあった。当時は神仏習合の時代であったから、祇園社も神社であると同時に寺院でもあったが、そのことは、社内組織の長である祇園執行をはじめとして運営をになう人びとがおもに僧侶であった点からも知られよう。

このようなことから、室町時代、延暦寺大衆は、本寺・末寺、本社・末社がかかわる祭礼にも影響力をもっていた。したがって、祇園社も祇園祭も、ともに延暦寺大衆の動きと無縁でいられなかったことは容易に想像されよう。

以上が、おおよそ本書をすすめていくにあたって、あらかじめふれておいたほうがよいことがらとなる。やや複雑なところもなきにしもあらずだが、とりあえずこれらを頭の隅におきながら、現代人のだれも目にしたことがなく、しかも、いくどかの中止（停止）や延期（延引（えんいん））も乗りこえ、史上もっとも盛大になっていった室町時代の祇園祭を追いかけていくことにしよう。

なお、室町時代の史料においては、現在つかわれている祇園祭ということばはみられず、基本的には「祇園会」や「祇園御霊会（ごりょうえ）」がつかわれている。よって、ここからあと本文中では祇園会ということばをつかっていきたいと思う。

第一章　室町時代の神輿渡御

1　神輿と御旅所

三基の神輿

「はじめに」でもふれたように、祇園会は神輿渡御と山鉾巡行というふたつの祭事によってなりたっている。このうち歴史的に先行して登場したのは、神輿渡御である。そこで、第一章ではまず神輿渡御についてみていくことにしよう。

神輿は祭神がのる輿だが、現在の祇園祭においては、神輿は三基（三社とも）確認できる。このありかたは、室町時代でも同様であり、また、神輿のかたちが六角形・八角形・四角形と一基ごとに異なっている点も同じである。

このことは、すでに鎌倉時代後期、正元（しょうげん）二年（一二六〇）に神輿を造替したさいの記録（『祇園社記』雑纂五）に「天王御輿（神）　六角」「波（婆）梨（利）女（はりにょ）御輿（神）　八角」「八大王子御輿（神）　四角」

とみえることからもあきらかとなる。
もっとも、現在は、「波梨（婆利）女御（神）輿」が四角形、「八大王子御（神）輿」が八角形となっている。この点、江戸時代後期に記された『祇園会細記（さいき）』をみても、鎌倉時代と同じであることが確認できるので、近代に入ってから変化したとみるのが自然であろう〔高原美忠　一九七二〕。

神輿のよびかたについてであるが、室町時代の史料、たとえば、至徳（しとく）元年（一三八四）一二月三日の年紀をもつもの（『八坂神社文書』）では、「天王御（神）輿」は「大宮（おおみや）」、「波梨（婆利）女御（神）輿」は「少将井」、「八大王子御（神）輿」は「八大王子」（「八王子」とも）と記されている。

じつは、このように室町時代以降の史料では、三基の神輿は大宮・少将井・八王子と記されることが多い。よって、本書でもまた、三基の神輿を大宮・少将井・八王子と記していくことにしよう。

大政所御旅所

それでは、神輿はいつごろから存在したのであろうか。この点については、それを明記する史料がないためさだかではない。ただ、鎌倉時代末期の元亨（げんこう）三年（一三二三）に祇園執行であった晴顕（せいけん）が記した『社家条々記録（しゃけじょうじょうきろく）』につぎのようにみえることが手がかりとなる。

> 天延二年六月十四日、御霊会を始めておこなわる、すなわち高辻東洞院方四町を旅所の敷地に寄附せられ、大政所と号す、当社一円進止の神領なり、

これによれば、平安時代の天延二年（九七四）六月一四日にはじめて「御霊会」はおこなわれたという。旧暦の六月一四日という日付から、ここにみえる「御霊会」が祇園会（祇園御霊会）を指していることがわかる。

注目されるのは、そのあとの記述で、その「御霊会」がおこなわれるにあたって、「高辻東洞院方四町」が「旅所」の「敷地」として「寄附」され、「大政所」とよばれるようになったとみえる。

「はじめに」でもふれたように、室町時代、大宮と八王子の二基の神輿は大政所御旅所に渡御した。右の記事は、その大政所御旅所の成立を伝えるものだが、御旅所が成立している以上、そこへ祭神が移動するための神輿が必要となる。よって、おそくともこのときには神輿も成立していたことになろう。

もっとも、このときに大宮と八王子の二基の神輿が存在したのかどうかまではさだかで

はない。また、右の記事は、あくまで鎌倉時代に記されたものであり、同時代の史料とはいえない。

ただ、この天延二年に「御霊会」がはじまったという伝承は、大政所御旅所内ではながく伝えられたことがあきらかになっている〔下坂守　二〇一九〕。このことをふまえるなら、このころには神輿と御旅所、そして神輿渡御が成立していた可能性は低くないであろう。

少将井御旅所

ところで、『社家条々記録』には、つぎのような記事も記されている。

> 保延(ほうえん)二年、冷泉(れいぜい)東洞院方四町を旅所の敷地小(少)将井と号す、婆利女御旅所に寄附せらる、当社一円神領なり、

これによれば、同じく平安時代ながら、先の天延二年から一六〇年あまりたった保延二年（一一三六）に「冷泉東洞院方四町」が「旅所の敷地」として「寄附」されたという。そして、その「旅所」は、「小(少)将井」「婆利女御旅所」とよばれるようになったことも読みとれる。

「はじめに」でもふれた、二カ所あった御旅所のひとつ、少将井御旅所の成立を伝えるものだが、ただ、江戸時代に編纂された『祇園本縁雑実記』には、「長和二年神託によって、婆利采女神輿を大炊御門冷泉の間、東洞院烏丸の間、今の車や町突抜二条二町上がる少将井のところを御旅所とす」とみえ、長和二年（一〇一三）に少将井御旅所が成立したとも伝えられている。

いずれがただしいのか、それを裏づける史料がないため何ともいえない。ただ、大政所御旅所と少将井御旅所の成立時期にかなりのへだたりがあることだけはみとめられよう。

ちなみに、鎌倉時代に編纂された『百練抄』永久五年（一一一七）正月一三日条には、「祇園別宮少将井炎上」とみえ、保延二年からさかのぼること、およそ二〇年まえには「祇園別宮」としての「少将井」の存在がうかがわれる。

また、同じく『百練抄』天福二年（文暦元年・一二三四）六月七日条にも「祇園神輿入御、例のごとく少将井御殿在地人ら結構す」と記されている。これらのことから、少なくとも永久五年から天福二年までのおよそ一〇〇年のあいだに少将井神輿が少将井御旅所へ渡御するかたちができあがっていたということはゆるされるであろう。

なお、大政所御旅所、少将井御旅所の「敷地」「方四町」とは、いわゆる碁盤の目の一区画を意味している。平安京以来、四〇丈（約一二〇メートル）×四〇丈の広さをもつ正方形の土地（いわゆる碁盤の目）は一町とよばれていたが、その正方形の一辺ごとも一町とよんでいた。そのため、このように「方四町」とも記されることになったのである。

二カ所の御旅所がおかれた場所は、図1にみえるとおりである。室町時代でいえば、大政所御旅所は下京、少将井御旅所は上京にあり、このように距離としてもへだたりがあった。そのへだたりのある二カ所の御旅所へ三基の神輿が渡御することで、神輿渡御という祭事はなりたっていたのである。

先祖助正

じつは大政所御旅所の成立については、『社家条々記録』のほかにつぎのような史料も残されている。

> 円融院御宇、天延二年五月下旬、先祖助正の居宅、高辻東洞院、をもって、御旅所として、神幸あるべきのよし、神託あるのうえ、後園に狐堺(塚か)あり、蛛の糸引き延び、当社神殿におよぶ、所司らこれを恠しみ、たずね行くに助正宅に引き通しおわんぬ、よって所司ら奏聞を経るのきざみ、助正をもって神主とし、居宅をもって御旅所たるべきのよし、これを宣下せらる、祭礼の濫觴これなり、

これより以来異姓を交えず十三代相続す、今に相違なき神職なり、
保元馬上最初差し始めなり、

助正—助次—友次—友正—友延—友吉—友助—助氏—助重—助直—助貞—亀寿丸—顕友

これは、八坂神社で比較的最近に発見された古文書（写真2）である。ただし、その内容については、江戸時代に編纂された『祇園社記』第二三にもおさめられており、これまでにも知られてきた。

もっとも、くわしくみくらべてみると若干の違いもみられるが（村上紀夫　二〇一八）、それはおくとして、ここに記された内容とは、おおよそつぎのようなものとなろう。

平安時代、「円融院」（円融天皇）の「御宇」（治世）であった「天延二年」（九七四）の「五月下旬」、「高辻東洞院」にあった「助正」なる人物の「居宅」を「御旅所」とし、そこへ祇園の祭神（あるいは神輿）が「神幸」するとの「神託」（神のお告げ）がくだった。

また、それとともに、「助正」宅の「後園」（裏庭）にあった「狐堺」（あるいは「狐塚」）より「蛛」（蜘蛛）の糸が「引き延び」て「当社」（祇園社）の「神殿」までにおよんだ。それをあやしんだ祇園社の「所司」（役人）たちは、「神殿」からその糸をたどっていった

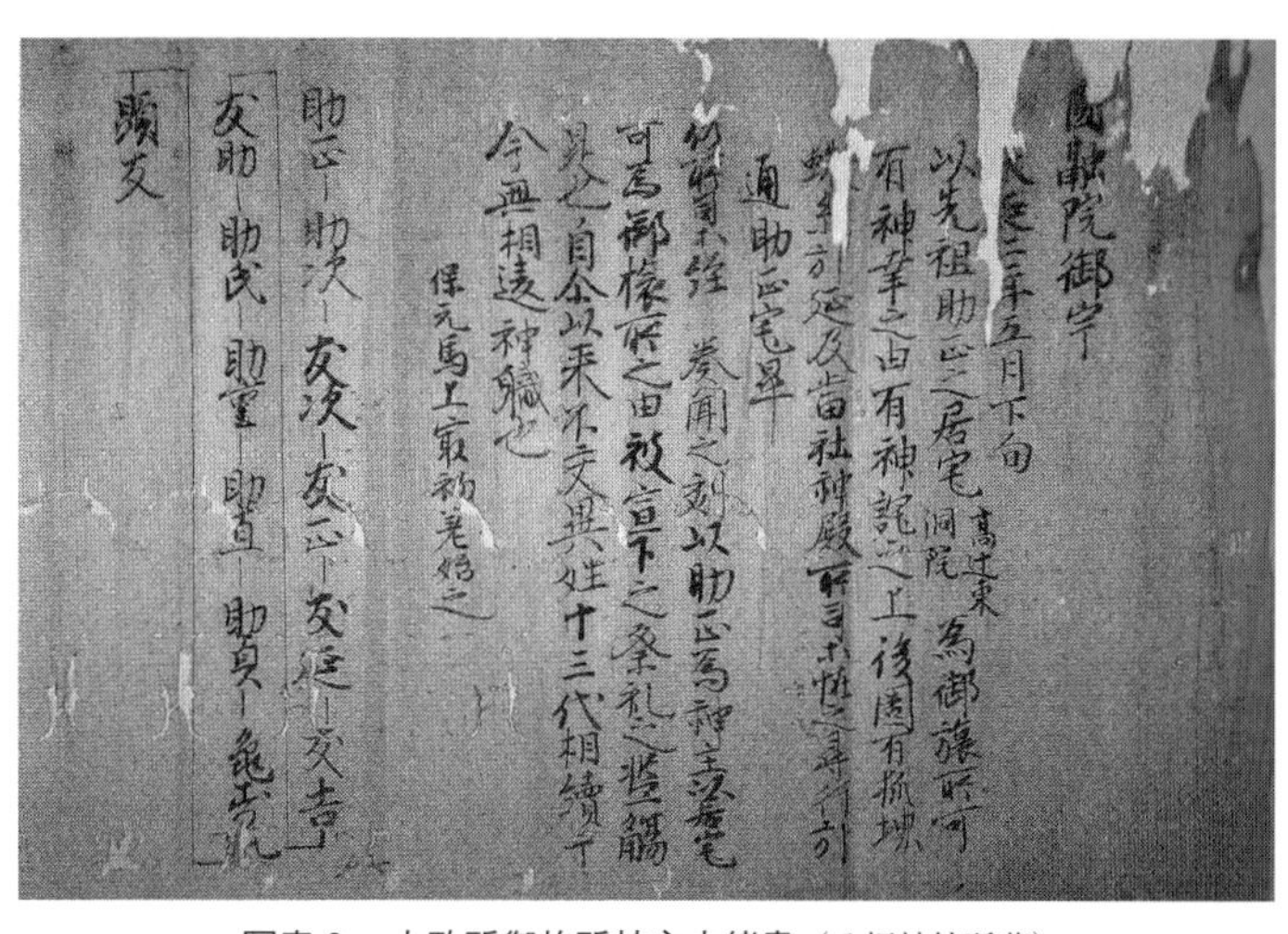

写真２　大政所御旅所神主由緒書（八坂神社所蔵）

ところ、助正宅にたどりついたため、そのことを「円融院」へ「奏聞」した。

すると、「円融院」より「助正」の「居宅」を「御旅所」とし、「助正」を御旅所の「神主」にするようにと「宣下」（天皇の命令である宣旨がくだされること）された。これが「祭礼」（祇園会、神輿渡御）の「濫觴」（はじまり）である。それより「神主」は、「先祖助正」から「顕友」まで「異姓」（姓の異なる他の一族）を入れず、「十三代」にわたって「相続」してきた、と。

内容としては、大政所御旅所神主の由緒を「助正」を「先祖」とする人物（ここでは顕友）が語ったものであることがわかるが、一見してあきらかなように、その内容をそのまま鵜呑みにするわけにはいかない。

しかしながら、『社家条々記録』にみえる「高辻東洞院方四町」という「敷地」が御旅所になった背景については、よりくわしく知ることができよう。

また、興味深いことに、「助正」以来の系譜にみえる「助重」（『社家記録』康永二年一一月八日条）、「助直」（『社家記録』観応元年六月一四日条、正平七年一二月五日条）、「助貞」（『八坂神社文書』）の存在は、同時代の史料によって確認することができる。したがって、南北朝から室町時代にかけて、右の史料に登場する「助正」の子孫を名のる人びとが、御旅所神主の職にあったことは事実としてみとめられるであろう。

このような事実に注目した瀬田勝哉氏や下坂守氏は、神輿渡御というかたちの祇園会が、「助正・祇園社・朝廷の三者の合意と協力のもとに創始された祭礼であることをそれなりに正確に伝えている」とみる〔瀬田勝哉　二〇〇九〕〔下坂守　二〇一七〕。『社家条々記録』が伝える「御霊会」（神輿渡御）が天延二年にはじめられたという理解が、少なくとも鎌倉時代から室町時代の人びとに共有されていたことだけはうたがいないといえよう。

御旅所神主と馬上役

それでは、御旅所神主は神輿渡御という祭事のなかでどのような位置をしめていたのであろうか。この点に関連して注目されるのが、先の由緒を語る古文書に記された「保元馬上最初差し始めなり」という一文である。

ここにみえる「馬上（ばじょう）」とは、馬上役とか、馬上料足とよばれた祭礼に必要な用途（費用）を意味する。また、「差」すとは、「差定（さじょう）」とも記され、えらび定めることをあらわしている。したがって、問題の一文は、平安時代の「保元」年間（一一五六〜五九）に「馬上（うまのかみ）」役が「最初」に「差」され「始め」たことを伝えるものとなる。

じつは、『社家条々記録』の保元二年（一一五七）のところにも「洛中の富家（ふけ）を尋ね捜し、馬上役を差定す」とみえ、「馬上役」は「洛中」の「富家」（富裕な家）に「差定」されるものであったことが読みとれる。

そして、そのことをより具体的に示しているのが、『社家記録』観応元年（一三五〇）六月一四日条にみえる「馬上、未の刻に差符助直、大政所差定す、四条万里(小)路南西頰（つら）三郎男味噌屋すなわち領状請文（りょうじょううけぶみ）を出（い）だす」という記事になろう。

ここからは、「大政所」神主である「助直」が「馬上」を「四条万里(小)路南西頰」に家を構える「味噌屋」の「三郎男」に「差定」し、それを承諾する「領状請文」を「三郎男」から提出させたことが読みとれる。つまり、御旅所神主は、瀬田氏がのべているように、「自ら馬上を差し、馬上料足を取得してこれを御旅所での神事遂行の費用ともしていい」（瀬田勝哉　二〇〇九）たことがあきらかとなるのである。

味噌屋は、南北朝から室町時代にかけて土倉や酒屋とともに「富家」を代表する存在として知られている。そのような「富家」に馬上役を差定できる権限をもっているという点において、御旅所神主はきわめて重要な位置をしめていたことがうきぼりとなろう。

もっとも、『社家条々記録』には、「元亨三年馬上停止せられおわんぬ」とあり、鎌倉時代末期の「元亨三年」（一三二三）に「馬上」が「停止」されたと伝えられている。しかしながら、先の『社家記録』の記事からもあきらかなように、観応元年という南北朝時代においてもなお御旅所神主によって馬上役は差定されていた。ただ、同じ『社家記録』康永二年（一三四三）一二月二七日条には、「馬上近年差し改むこと度々におよびおわんぬ、神事顚倒のもとい」とみえるように、すんなりとは差定が承諾されないことも少なくなかったというのが実態だったのである。

馬上一衆・合力神人制

そのようなこともあり、応永（一三九四〜一四二八）初年以降、ときの室町幕府の手により馬上役のありかたは大きく変化をとげることになる。具体的には、幕府の公方御倉もつとめる有力土倉によって形成された馬上一衆が配下の日吉神人である洛中の土倉・酒屋・味噌屋などから合力銭（援助の銭）として馬上役を徴収するという方式、いわゆる馬

写真3　日吉小五月会（『月次風俗図扇面流し屏風』光円寺所蔵）

上一衆・合力神人制に転換させられたことが瀬田氏によってあきらかにされているからである〔瀬田勝哉二〇〇九〕。

ここにみえる日吉神人とは、祇園社の本社である日吉社につかえる人びとをあらわしている。そのような人びとに限定して馬上役が課せられるようになったことからもうかがえるように、馬上一衆・合力神人制は、じつは祇園会の馬上役に対してだけのものではなかった。

というよりむしろ、本社である日吉社の日吉小五月会（写真3）の馬上役を徴収するため至徳年間（一三八四～八七）に幕府と延暦寺大衆によって整備されたものだったのである。このことをあきらかにした下坂守氏により、日吉小五月会の馬上役が二一〇〇貫文余りであり、そのうちの三〇〇貫文が祇園会の馬上役として運用されていたこともあきらかにされている〔下

坂守　二〇一一・二〇一四〕。

このように、馬上役の徴収に幕府や延暦寺大衆が深くかかわるようになったというのが室町時代の特徴といえるわけだが、となれば、それまで御旅所神主がもっていた権限もまた、おのずと小さくならざるをえなかったと考えられる。

実際、幕府は、応永四年（一三九七）には大政所御旅所神主にかわる「祇園社左方神主」をもうけ、その補任権（任命権）を延暦寺の首長である天台座主にあたえるとともに、実際の補任を祇園執行が祇園検校（天台座主がその職にある）らの命令をうけておこなうかたちにしたことが知られている〔下坂守　二〇一六b〕。

もっとも、これによって「助正」の子孫を名乗る大政所御旅所神主がただちに消え失せてしまったのかといえば、そうではなかった。そればかりか、三〇〇貫文におよぶ馬上役の半分にあたる一五〇貫文が神主の得分（取り分）になっていく事情〔瀬田勝哉　二〇〇九〕〔倉田尚明　二〇一九〕もからんで、神主職をめぐっては相論がくりかえされていくことになる。先に引用した大政所御旅所の由緒を語った古文書もまた、おそらくはそのような相論のなかで提出されたものだったのであろう。

馬上御鉾十三本、神馬五疋

八坂神社には、室町時代に馬上役（馬上料足）がどのようにして渡され、そして、配分されたのかを示す史料が多数残されている。それらをみてみると、馬上役は、馬上一衆の年行事から祇園執行へと渡され、祇園執行のもとから関係者へ配分、下行（くだしあたえること）されていたことが読みとれる。

また、その配分等の内訳も下行帳とよばれる文書からみてとることができる。表1は、そのうちのひとつ、永享三年（一四三一）の下行帳の内容を一覧にしたものである。これをみてみると、馬上役がこと細かに配分、下行されていたことが読みとれるが、その内容から、社家分下居神供を境に右側と左側でふたつに分かれていたことが知られる。

このうち右側の部分の総額はおおよそ八〇貫文余り。左側の部分と合計した額の半分以上となっているが、「目代得分」などの記載があることからもわかるように、この八〇貫文余りは、おもに別当や目代など、祇園執行よりも上位の役職にある延暦寺僧たちの「得分」となっていた。

具体的には、それらは「一鉾」から「十鉾」とみえる「馬上御鉾」とその「懸物」とよばれる装飾品ならびに「神馬」などの費用にあてられていたことが読みとれる。ここにみえる「鉾」と山鉾とはまったく別物だが、もともとはこれら「御鉾十三本、神馬五疋」（『社家記録』康永二年一一月二一日条）が、三基の神輿とともに神輿渡御の中核部分をなし

表1　永享三年六月二日馬上用途諸下行帳

別当	一鉾	懸物12	七貫二〇〇文	一四貫八〇〇文
	神馬	2疋	二貫六〇〇文	
	見参料		五貫文	
一公文分	三鉾	懸物9	五貫四〇〇文	六貫九〇〇文
	見参料		一貫五〇〇文	
権長吏分	四鉾	懸物9	五貫四〇〇文	
六月番仕	五鉾	懸物6	三貫六〇〇文	
	神馬	1疋	一貫三〇〇文	
左方神主	六鉾	懸物5	三貫文	
右方神主	七鉾	懸物5	三貫文	
末公文2人	八鉾	懸物4	一貫四〇〇文 一貫文	
目代	九鉾	懸物4	二貫四〇〇文	目代得分 三三貫五〇〇文
	十鉾	懸物3	一貫八〇〇文	
	神馬	1疋	一貫三〇〇文	
	見参料		三貫文	
	下居神供　大鉾頭		二五貫文	
社家	二鉾	懸物11	六貫六〇〇文	
	神馬	1疋	一貫三〇〇文	
	見参料		一貫五〇〇文	
	十一鉾	懸物3	一貫八〇〇文	
このうち半分　大門	十二鉾	懸物3	一貫八〇〇文	
このうち半分　金仙坊	十三鉾	懸物2	一貫二〇〇文	

このほか方々下行物のこと

社家分下居神供	三貫文
馬上乗尻	四貫文
専当酒肴	八貫五〇〇文
宮仕酒肴	六貫五〇〇文
宝蔵預	一貫文
師子舞	二貫文
御立神楽	二貫文
本座田楽	一貫五〇〇文
新座田楽	一貫五〇〇文
寮公人	二貫文
寮櫃4合	四〇〇文
今宮駕与丁酒肴	一貫文
王舞3人	三〇〇文
長講3人	三〇〇文
承仕3人	三〇〇文
乳人得分条々	五貫文
社家の上使	三貫文
致斎御榊下行物	五〇〇文
片羽屋神子男中	五〇〇文
下行等奉行中	一貫文
下部以下	三〇〇文
神主絲2具	五〇〇文
神主装束	

百卅三貫九百文下行、のこり百六十貫あり、社家得

ていたと考えられている〔瀬田勝哉　二〇〇九〕。

残念ながら、南北朝・室町時代の神輿渡御のすがたを描いた絵画史料は確認されておらず、そのくわしいようすはわからないものの、あるいは、イメージとしては、戦国時代のものながら、『上杉本洛中洛外図屏風』に描かれる神輿と剣鉾がつらなる御霊祭のすがたに近かったのかもしれない。

『社家条々記録』によれば、保元二年（一一五七）に「洛中の富家」を「尋ね捜し」「馬上役」を「差定」するようになったのは、「御霊会祭礼に添えんがため、天神の威儀を増さんがため、鎌鉾三張を副え社家にくだされ」たためであるという。

この「鎌鉾」と「御鉾十三本」との関係についてはさだかではないが、八〇貫文余という高額な費用があてられていたのは、三基の神輿とともに、「御鉾十三本、神馬五疋」が重要な位置をしめていたからであろう。

もっとも、史料では、康永二年（一三四三）一一月二一日に「馬上これを渡す」（『社家記録』同日条）、康永三年（一三四四）六月一九日に「祇園馬上三条大路を渡る」（『師守記』同日条）、貞和五年（一三四九）には、六月一七日に「祇園馬上三条を渡る」（『師守記』同日条）、貞治六年（一三六七）には、六月二五日に「祇園馬上三条大路を渡る」（『師守記』同日条）などとみえ、六月一四日の神輿渡御よりおくれて三条大路を渡っていたことが確認できる。

神輿に供奉

表1の社家分下居神供のすぐ右側には、「このほか方々下行物のこと」という記載がみえる。また、そのなかに「師子舞(ししまい)」「新座田楽」などの記載がみえることから、神輿渡御に供奉(ぐぶ)した人やものに対してくだされた費用と考えられる。

先にもふれたように、南北朝・室町時代の神輿渡御を描いた絵画史料は確認されておらず、行列がどのように構成されていたのかという点についてもくわしいことはわからない。ただ、表1にみえる「師子舞」については、『社家記録』康永二年（一三四三）一一月八日条に「師子舞ら神幸に供奉」とみえ、「新座田楽」についても、同じく『社家記録』延(えん)文(ぶん)二年（一三五七）六月一四日条に「新座田楽」「今日神幸に供奉せず」という記事を見いだすことができる。

また、のちにもふれる「今宮駕与(輿)丁(かよちょう)」が大宮神輿を舁ぐ今宮神人をあらわし、そして、かれらと「宮仕(みやじ)」が神輿渡御のさいに喧嘩したことが確認できるから、「宮仕」もまた、供奉していたと考えられよう。

「王舞(おうのまい)」は一般に鳥兜(とりかぶと)や鼻高面(はなたかめん)をつけることで知られているが、馬上役の請取状（『八坂神社文書』）には「たいこかき（太鼓舁）」「わうのまい（王の舞）」とみえ、『社家記録』延文二年六月一四日条にみえる「鼓打」と関係するのかもしれない。また、表1の「王舞」のところには、「片羽屋男（かたはや）」と記されていることから、片羽屋神子（みこ）との接点も考えられよう。

山路興造氏によれば、平安時代末期の祇園会のようすを描くとされる『年中行事絵巻』（模本）巻九には、「田楽」「師子舞」「王の舞」「巫女」「細男（せいのお）」など「神輿に従う芸能者たち」のすがたがみられるという〔山路興造 二〇〇九〕。それをふまえるなら、「細男」をのぞき、「田楽」「師子舞」「王の舞」「巫女」はひきつづき南北朝・室町時代の神輿渡御にも供奉していたと考えられよう。

馬上役が下行されない人びと

ちなみに、応仁・文明の乱後、明応九年（一五〇〇）に三三年ぶりに再興された祇園会を記録した『祇園会山鉾事（ぎおんえやまほこのこと）』には、神輿に「御供」する存在として、「しし（師子）の衆」「社人」「み子（神）」「神主」などが記されている。

これまた、『年中行事絵巻』と重なるところが多いように思われるが、ここで注意しておく必要があるのは、実際に神輿渡御に供奉していたのが表1にみえる人やものだけではなかったという点であろう。

たとえば、『祇園会山鉾事』に「御先へはいぬひしにんまいる」と記され、神輿の「御先」（先頭）には「いぬひしにん」のすがたがみられたはずだからである。犬神人が神輿渡御に供奉していたことは、犬神人自身が文和二年（一三五三）五月にしたためた申状案（『八坂神社文書』）に「祇園社祭礼のとき、犬神人ら（中略）御行のとき、供奉せしめ、神事にしたがうものなり」とみえ、文和二年以前であることはまちがいない。

また、貞治三年（一三六四）六月一四日に「御行時分、三条油小路において田楽と犬神人喧嘩」（『師守記』同日条）とあり、神輿渡御の途中で田楽と喧嘩をおこしたことも確認できる。

ところが、彼らに馬上役が下行された形跡はみられない。これと同じようなことは、神輿を舁ぐ駕輿丁においてもみられ、表1にあきらかなように、大宮の駕輿丁（「今宮駕与丁」）には馬上役が下行されるいっぽうで、少将井や八王子の駕輿丁に対しては下行された形跡が確認できないのである。

神輿渡御に供奉していながら、なぜこのような違いがみられるのか、その理由はさだかではない。不可思議といわざるをえないが、ただ、先にみたように、馬上役にしめる別当や目代などの「得分」の比重が大きいことをふまえるなら、室町時代以降の馬上役が神輿渡御にかかわる費用にだけあてられるものではなかった点も関係していよう。

実際、表1の最後には、「百卅三貫九百文下行、のこり百六十貫あり、社家得」と記されており、このとき馬上一衆の年行事より渡された「馬上料足参百貫文」のうちの「百六十貫」が「社家」（祇園執行）の「得」（得分）になっていたことも知られる。

もっとも、同じ年の九月一四日にくだされた幕府の裁許（『御前落居記録』）により、「大政所神主職・同敷地・社恩など」が「大政所神主松寿丸」に「返付」され、その結果、「百六十貫」のうちの一五〇貫文が大政所神主の手に渡ることになる。

この一五〇貫文をめぐっては、嘉吉年間（一四四一～四四）以降、少将井御旅所神主もからんで相論がおこることになるが（河内将芳　二〇〇六）、このような点からも、室町時代の馬上役が、さまざまな利権のうずまく代物でもあったことがうかがえよう。

2　神幸路と駕輿丁

南門前の三鳥居

室町時代、三基の神輿が六月七日の式日に祇園社からどのように移動をはじめたのかという点については、それを明記する史料がなく、よくわからない。ただ、つぎの史料は、そのことを考えるための手がかりとなる。

祭礼中の刻無為神幸、鳥居丹、今朝なお雨□あいだ、これを塗らず、しかして神輿御通り子細なし、

これは、『三鳥居建立記』という記録の貞治四年（一三六五）六月一四日条にみえる記事である。この時期、祇園社には、鳥居が「三基」あり、『三鳥居建立記』によれば、「一鳥居」は「はじめに」でもふれた「四条」にあった鳥居（「四条大鳥井」）、「二鳥居」は「十禅師前」、そして「三鳥居」は「百度大路面、南門前」にあったと記されている。

『三鳥居建立記』は、「延文」（一三五六～六一）のころに「顚倒」した「三鳥居」を建立したさいの記録であり、右の記事にみえる「鳥居」もまた、「三鳥居」をあらわしている。その記事によれば、建立した「三鳥居」を「丹」（黄色をおびた赤色）に「塗」る予定であったが、「雨」のためにこの日は「塗」らなかったものの、そこを無事に「神輿」が「御通り」になったことがわかる。

六月一四日に書かれた記事なので、ここでいう「神幸」とは、神輿が御旅所より神社へとかえってくる還幸を意味している。注目されるのは、そのときに神輿が「南門前」にある「三鳥居」を通ったという点であろう。ここから、神輿が神社から出入りするさいには、「南門」をつかっていたことが知られるからである。

このことを裏づけるように、『社家記録』観応元年（一三五〇）六月一四日条にも「酉の刻」（午後六時ごろ）にかえってきた「小（少）将井神輿」を「百大夫社辺」で「拝見」したとの記事がみえる。

元徳三年（一三三一）に作成された『祇園社絵図』（八坂神社所蔵）（写真4）をみてみると、「百大夫社」は「南大門」より南側にあったことがわかる。したがって、神輿が「三鳥居」を通り、「南門」（「南大門」）を通っていたことはうたがいないといえよう。

ちなみに、現在の八坂神社の南楼門前にも石鳥居が立っているが、『祇園社絵図』とみくらべてみると「三鳥居」の場所とは異なる。「三鳥居」は、「南門」のまえに南北に走る「百度大路」（下坂守　二〇一四）に面して西側に描かれており、さらにその西側には「二鳥居」も描かれている。おそらくは六月七日の式日には、三基の神輿は「南門」を出たあと、「三鳥居」「二鳥居」を通って、「一鳥居」へとむかったのであろう。

浮橋

鴨川西岸にあった「一鳥居」を三基の神輿がめざすとすれば、そのまえに鴨川を渡る必要がある。そして、その鴨川には、『社家条々記録』に「永治二年」（一一四二）に「はじめて祇園四条橋勧進聖の沙汰としてこれを亘す」とみえる、「勧進聖」によって架けられ

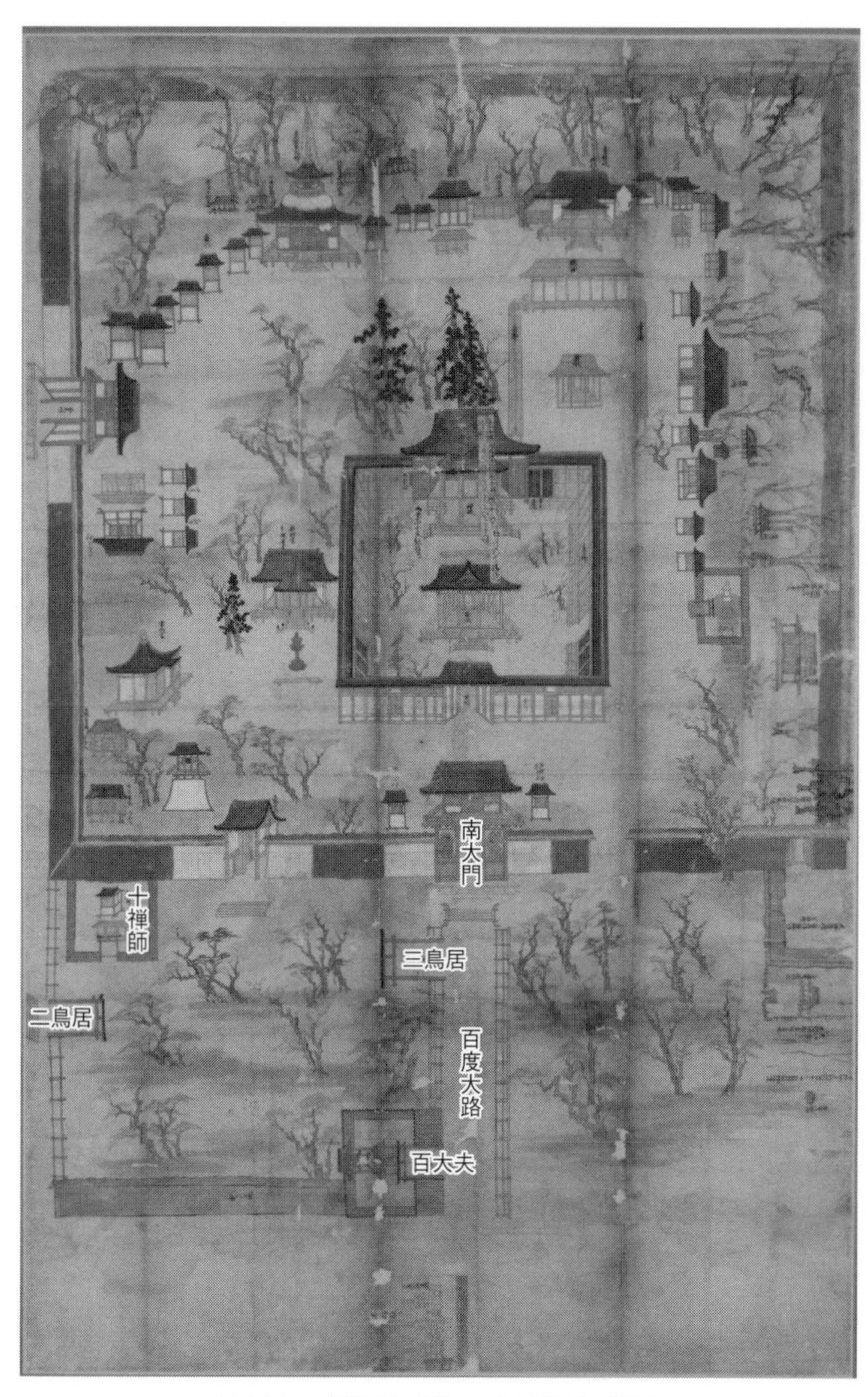

写真４　『祇園社絵図』（八坂神社所蔵）

た四条橋が室町時代にもあったと考えられる。

したがって、この四条橋を渡れば、神輿は鴨川西岸にたどりつけるわけだが、ところが神輿は基本的には四条橋を渡ることがなかった。そのことは、たとえば、つぎの史料からも読みとれる。

> 四条川原橋新調出来、よって神輿橋上を幸ぜしめたまうと云々、荒薦を敷くと云々、橋の上においては、怖畏あるあいだ、先々神幸なし、ただ浮橋を渡り通りせしめたまう、

これは、中原康富の日記『康富記』宝徳二年（一四五〇）六月七日条にみえる記事である。ここで「四条川原橋新調」とみえるのは、「四条川原の橋、近年破損」し、「通路かなわず、数年をへ」ていたところ、「筑紫」（九州）の人で「有徳のもの」（富裕な人）の「正棟」（『康富記』同年六月七日条）、「正篤」（『文安三年社中記』）、「正須」「正預」（『東寺執行日記』同年六月七日条）が「祇園宿願」あって、「一身」で橋を「懸け渡」したことによる（『康富記』同年六月一日条）。

また、その「有徳のもの」の「所望により」（『綱光公記』同年六月七日条）、神輿が「橋

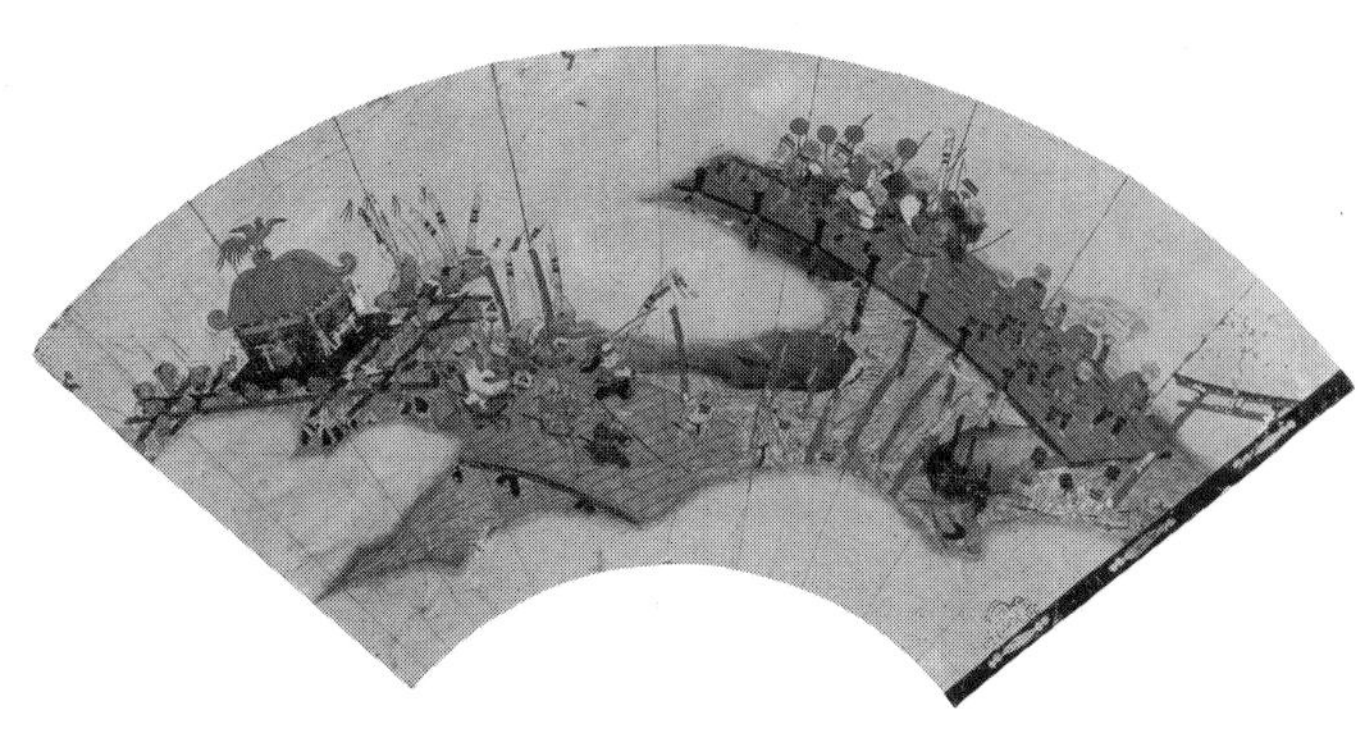

写真5　神輿渡御と浮橋（『月次風俗図扇面流し屏風』光円寺所蔵）

上」を「幸」ずことになったが、そもそも「橋の上」を神輿が通ることには「怖畏」があり、「先々」（これまで）「神幸」することはなく、「浮橋」を渡ってきたという事実があきらかとなる。

結局、このときは、「有徳のもの」の「所望」を尊重し、神輿は四条橋を渡ったものの、それでも人馬が通るようなところをそのまま「幸」ずわけにはいかなかったのであろう、「荒薦を敷」いて、その上をすすんだことも知られる。

先にもふれたように、室町時代の神輿渡御を描いた絵画史料は残されておらず、浮橋のようすも視覚的には知りえない。ただ、洛中洛外図屏風など戦国時代に描かれたものには浮橋が描かれており、それをみてみると、三基の神輿が浮橋を渡っているのに対し、供奉する人びとは四条橋を渡っているようすがみてとれる（写真5）。おそらくは室町時代においても同様な光景がみられたと考えてよいのではないだろうか。

なお、祇園会がおこなわれる時期は梅雨と重なることもあって、「洪水により浮橋かなわざるのあいだ、神輿舁ぎたてまつり河原を渡る」（『師守記』康永四年六月七日条）と、「洪水」により浮橋が架けられなかったのか、あるいは渡れなかったのか、神輿を「舁」いで「河原」を渡ることもあったという。

堀川神人

四条橋は勧進聖や「有徳のもの」によって架けられたが、それでは、浮橋のほうはどうだったのだろうか。この点については、祇園社に所属する堀川神人によって架けられたことが知られている（豊田武　一九八二）。もっとも、堀川神人がいつから浮橋を架けるようになったのかという点についてはさだかではない。

ただ、『社家記録』延文二年（一三五七）六月一四日条には、「堀川神人来る、洪水たるといえども、河原浮橋沙汰渡すと云々」とあり、「洪水」であったとしても「浮橋」は「堀川神人」が「渡」すものであったことが読みとれる。

また、先にもふれた『三鳥居建立記』貞治四年（一三六五）六月一二日条をみてみると、鳥居を建立するさいの「足代（あししろ）」（足場）の「料足」（費用）が不足し、「神幸浮橋のため堀川より河原細工丸に預け置く大木」を「借用」したとされている。これらのことから、室町時代に堀川神人が浮橋の架橋にかかわっていたことはまちがいないといえよう。

『社家条々記録』によれば、「元慶三年」（八七九）に「堀川十二町の流れをもって、神領の敷地となし、材木商人らをもって神人に補せらる、以来四百余歳」とみえる。堀川神人は、平安時代に「材木商人ら」が任じられたものであり、鎌倉時代にいたり「四百余歳」の年月を数えていたという。

また、それゆえに「最初神領根本神人」とも『社家条々記録』には記されているわけだが、『師守記』貞治元年（一三六二）一一月二二日条にも「感神院（祇園社）神人堀川商人ら申す材木商売のこと」という記載がみえ、室町時代においても堀川神人が、「材木商売」をおこなっていたことはあきらかといえよう。

ちなみに、堀川神人が浮橋のために「大木」を預け置いていた「河原細工丸」とは、「四条河原細工丸」ともよばれ、「鳥居穴掘り」をしたことが、『三鳥居建立記』貞治四年（一三六五）六月一二日条にみえる。

この「四条河原細工丸」とは、おそらく『師郷記』宝徳三年（一四五一）六月一四日条にみえる「神幸還御」（還幸）のさいに「四条道場前において」、神輿を舁ぐ「駕与（輿）丁」と「喧嘩」した「河原者」につながっていく人びとであろう〔川嶋將生　二〇〇八〕〔下坂守二〇一四〕。

このときは、「四条道場前」にあった「河原者家など」が「放火」されてしまったが、この一帯が「四条河原」とよばれていたこともあきらかにされている〔下坂守　二〇一四〕。先の「大木」もまた、もしかすると「四条河原」に預け置かれていたのかもしれない。

神幸路

浮橋を渡った神輿は、「一鳥居」〔「祇園大鳥井」〕をめざし、そして、その下を通りすぎたと考えられる。先ほどみたように、「四条道場前」と「四条河原」のあいだを通るためには「一鳥居」をさけることはできないし、また、戦国時代に描かれた洛中洛外図屏風などでは、その多くが「一鳥居」を通るすがたで描かれているからである〔写真5参照〕。おそらく室町時代でも同様であったとみるのが自然であろう。

こうして三基の神輿は、「祇園社の境内を出て京都市中〔洛中〕に入」〔下坂守　二〇一四〕ることになったわけだが、このあと、どのようにしてふたつの御旅所へたどりついたのか、その神幸路をはっきりと記した史料は残されていない。

この点、戦国時代については、明応九年〔一五〇〇〕に再興されたさいの記録として知られる『祇園会山鉾事』につぎのように記されている。

祇薗（園）御祭礼の御道伝えのこと

大政所の御通りをば、四条を西へ烏丸まで、それを南へ御旅所まで、還幸の御時は、五条を西、大宮まで、それを上（かみ）へ三条まで、少将院同じく四条を東洞院まで、それを上へ冷泉まで御旅所あり、還幸の御時、二条西へ大宮まで、それを三条まで、

「大政所」とは、大宮神輿と八王子神輿を指す。これら二基の神輿は、神幸のさいには「四条」大路を西へ「烏丸」小路まですすみ、そこから南下して「御旅所」へたどりつき、「還幸」のさいには、おそらく烏丸小路を「五条」大路まで南下し、「五条」大路を西へ「大宮」大路まですすんだのち、「上」（北）へ「三条」大路まですすんだとされている。

いっぽう、「少将院」とは、少将井神輿のことであり、神幸のさいには「四条」大路を「東洞院」大路まですすみ、そこから「冷泉」小路まで「上」（北）へすすんで「御旅所」にたどりつき、「還幸」のさいには、おそらく烏丸小路を「二条」大路まで南下し、そこから西へ「大宮」大路まですすんだのち、南下して「三条」大路まですすんだという。

以上を図示すると図2のようになる。室町時代、ふたつの御旅所がどの道に出入口を開いていたのか、つまり神輿の出入口はさだかでないが、『歴博甲本（れきはくこうほん）洛中洛外図屏風』（国立歴史民俗博物館所蔵）では、大政所御旅所が烏丸小路に鳥居を構え（写真6上）、少将井御

図２　『祇園会山鉾事』に記されている明応九年の神輿渡御の神幸路

写真６　上：大政所御旅所
下：少将井御旅所
（いずれも『歴博甲本洛中洛外図屏風』国立歴史民俗博物館所蔵）

旅所は冷泉小路に鳥居を構えたすがたで描かれている（写真6下）。そのことをふまえて、図2は作成した。

京極大路

この図2の神幸路を室町時代も同じように神輿がたどっていたのか、そのすべてを裏づけることはもちろんできない。ただ、神幸については、「二条東洞院」（『師守記』貞治三年六月七日条）や「四条東洞院」（『師郷記』文安元年六月七日条、文安五年六月七日条）において駕輿丁が喧嘩をおこしていることから、図2と同じ道筋をすすんでいた可能性は高い。

また、還幸についても、「三条油小路」（『師守記』貞治三年六月一四日条）、「三条高倉」（『師郷記』嘉吉二年六月一四日条）や「三条万里小路」（『建内記』文安四年六月一四日条）で駕輿丁が喧嘩をしているので、同じ道筋をすすんでいたと考えられよう。

しかも、「油小路」「高倉」「万里小路」と西から東へと神輿が三条大路をすすんでいることをふまえるなら、還幸のさいに三基の神輿は三条大路を東行したことがあきらかとなる。このことは、『祇園会山鉾事』にも記されていないが、それをふまえたうえで考えなければならないのは、三条大路を東行したのち、どこで南下に転じ、四条大路、そして浮橋へとすすんだのかという点であろう。

残念ながら、これについても明記する史料はみあたらない。ただ、戦国時代に描かれた『祇園祭礼図屛風』（サントリー美術館所蔵）では、還幸の行列が京極大路を南下しつつあるすがたをみてとることができる〔河内将芳　二〇一五〕。

可能性としては、室町時代においても、神輿は京極大路を南下したと考えられるが、もしそうであるとすれば、「四条道場」（金蓮寺）の西側がちょうど京極大路にあたり、そこから左折して東へすすむさいに駕輿丁は「四条河原」の「河原者」とのあいだで「喧嘩」をおこしたこととなろう。

三条大宮

『祇園会山鉾事』に記された神幸路によれば、還幸のさい、三基の神輿は三条大路と大宮大路が交差する三条大宮で合流することになっている。じつは、これについては、つぎのような史料が知られている。

> 祇薗（園）御霊会なり、今年はじめて三条大宮をもって、列見の辻となすと云々、先例堀川を用いるなり、

右は、平安時代に編纂された『本朝世紀』康和五年（一一〇三）六月一四日条にみえる記事である。この記事によれば、「今年」康和五年に「はじめて」三条大宮が「列見の辻」となったが、それまでは「堀川」と三条大路が交差する辻が「先例」であったという。

ここでいう「列見」が具体的に何を指しているのか、かならずしもさだかではない。福原敏男氏によれば、「地名ないし施設」「仮設の祭祀施設」（福原敏男　一九九五）とされているが、祇園会の場合、この段階ではその実態がさだかではない。ただ、少なくとも三基の神輿が合流することをあらわしている点だけはまちがいないであろう。それが、これまでの堀川小路よりおよそ二四〇メートル西側にあたる大宮大路になったことを右の記事は伝えている（図2参照）。

なぜこのように変更されるにいたったのか、その理由についてもさだかではないが、すでに福眞睦城氏が指摘しているように、これをもって神幸路はほぼさだまった（福眞睦城　二〇〇二）とみてよいであろう。実際、室町・戦国時代にいたっても同じ神幸路がつかわれたと考えられるし、それはまた、江戸時代においても同様だったと考えられるからである。

（六月一四日）同日昼祭礼、四条寺町の御旅所より神輿三基とも四条通西へ、東洞院にて少将井の神輿は東洞院を北へ、二条通を西へ、御城馬場を南、大宮三条東へ入る御供所まで、二基は四条西へ、烏丸南へ、松原通を西へ、大宮通北へ、三条東へ入る御供所まで、このところにて御供をそなえ、神輿三基ともそろい、三条通東へ、寺町を南へ、四条通を東、本社へ帰座、

これは、『京都御役所向大概覚書』におさめられた「洛中洛外神社祭礼のこと」にみえる祇園会還幸の神幸路を記したものである。『京都御役所向大概覚書』は、江戸時代中期に京都町奉行所につとめる役人の手引書として編纂されたものだが、すでにふたつの御旅所は「四条寺町の御旅所」に統合されていたにもかかわらず、少将井神輿も、大宮と八王子神輿も、ともにかつての御旅所跡近くを通り、三条大宮へとたどりついたことがあきらかとなる。

また、江戸時代には、三条大宮から少し東に入ったところに「御供所」がもうけられ、そこで「御供」がそなえられたこともわかる。このうち、少将井神輿が「御城馬場を南」にすすんでいるのは、二条通をふさぐようにして二条城が築かれたためである。

したがって、二条城が築かれなければ、康和五年（一一〇三）以来、同じ神幸路がつかわれていたことになる。三基の神輿が三条大宮で合流するかたちは、江戸時代までうけつ

がれていたことがあきらかとなろう〔河内将芳　二〇一二〕。

ちなみに、現在の神幸路は、江戸時代までのものとは大きく異なっている。ただ、それでも「御供所」（御供社、又旅社（またたびしゃ））には三基の神輿がおとずれ、神饌（しんせん）がそなえられている。

大宮駕輿丁

神輿は、人びとが舁がなければ移動できないが、かといって、だれでもが神輿を舁ぐことができたのかといえば、そういうわけではなかった。室町時代においてそれができたのは、駕輿丁とよばれる人びとにかぎられていたことが知られているからである。

三基の神輿にも、おのおのさだめられた駕輿丁がいたが、なかでも、その歴史をたどることができるのが、大宮神輿を舁いだ大宮駕輿丁（大政所駕輿丁とも）である。たとえば、それは、中原師郷の日記『師郷記』文安三年（一四四六）六月一四日条にみえるつぎのような記事からも知ることができる。

> 路次において、大政所加与（駕輿）丁と師子舞喧嘩出来（しゅったい）す、師子駕与（輿）丁を切るのあいだ、駕与（輿）丁神輿を舁がず訴訟いたす、よって遅々と云々、かの駕与（輿）丁は蛤（はまぐり）商売のともがらと云々、

六月一四日条の記事であるから、還幸のさいのできごとになる。右によれば、まず還幸途中の「路次」において「大政所加与（駕輿）丁」と「師子舞」が喧嘩をおこしたことが読みとれるが、ここにもみえるように、駕輿丁は史料のうえでしばしば「加与丁」「駕与丁」と書かれることが多い。また、どのような理由があったのであろうか、事情は不明なものの、神輿に供奉する「師子舞」とのあいだで大宮駕輿丁が喧嘩をしたこともあきらかとなる。

そして、そのさい、「師子舞」が大宮駕輿丁を「切」ってしまったために「神輿を舁」ぐことをやめ、「訴訟」をおこして「遅々」としてすすまなくなったことも知られよう。

ここからも神輿は駕輿丁以外の人びとでは舁げなかったことが読みとれるが、それでは、問題の「訴訟」はどうなったのであろうか。そのことを伝える史料が残されている。つぎがそれである。

> 文安三年六月十四日、大政所還御のとき、師子、大宮駕輿丁はまぐりうりを切る、すなわち三条大宮に御輿を押さえて訴訟申すあいだ、社家と当職京極殿多賀(たが)の出雲、同筑前殿、同将監(しょうげん)殿、大宮へ行き向いて、師子を罪科すべきよしの請文を沙汰申して御（神）輿立ち申しおわんぬ、

これは、八坂神社に所蔵される『社中方記』という記録の一節である。これをみてみると、『師郷記』では「路次」とされていた喧嘩の現場が、列見の辻である「三条大宮」であったことがあきらかとなる。

また、「訴訟」先が「社家」と「当職」の「京極殿」であったこともわかるが、ここにみえる「社家」とは祇園執行のことを指し、「当職」とはおそらく室町幕府侍所頭人（所司）をあらわすのであろう。

そして、その「訴訟」をうけた「社家」と「当職京極殿」の配下で所司代と思われる「多賀の出雲」以下の面々が、「大宮へ行き向」かい、「師子を罪科」に処して「御輿」を「立」たせたことがあきらかとなる。

師子を罪科に

ここで「師子」が「罪科」に処されることになったのは、おそらく「師子」が「大宮駕輿丁」を「切」ってしまったからであろう。大宮駕輿丁がどのような対応をしたのかについては不明なものの、いわゆる喧嘩両成敗にしたがえば、手を出したほうに罪科ありとされるのが通常だからである。

ただ、それと同時に、神輿が動かなければ、還幸がたちまち滞ってしまうという事情も影響した可能性は高い。仮に還幸が一四日のうちにおわらなければ、「社家」にとっても、「当職」にとっても面目をうしないかねない事態となったからである。実際、享徳四年（一四五五）六月一四日におこった喧嘩では、「四条京極あたり」に「御（神）輿御逗留」し、「翌朝還御」といううわさまでながれている（『師郷記』同日条）。

また、大宮駕輿丁が、これより七日まえの六月七日の「神幸のとき」にも「四条東洞院において」「少将井駕与（輿）丁と喧嘩」をおこし、「死者三人、手負少々」（『師郷記』同日条）という事態をひきおこしていたことにも注意しなければならないであろう。

これをふまえるなら、六月一四日の喧嘩もまた、「師子」だけに責任があったとはいえなくなるからである。それを裏づけるように、「祇園駕輿丁ら」が六月一四日に「三条大宮において、先日の鬱憤を散ら」すとの「風聞」（うわさ）がながれ、それを幕府も耳にしていたことが確認できる（『祇園社記』第一六）。

そのこともあったのであろう、幕府も警戒をしていたらしく、「不慮の儀申し出ずるともがらは、まずもって罪科に処」すとの方針を「所司代」に伝えていた（『祇園社記』第一六）。にもかかわらず、大宮駕輿丁は「師子」と喧嘩をおこし、その結果が「師子を罪科」に処するものであったという以上、何にもまして神輿を動かすことに優先順位がおかれていた事実もうきぼりとなってこよう。

喧嘩の実態

神輿渡御の最中にこのように喧嘩をおこしたのは、もちろん大宮駕輿丁だけではない。表2は、室町時代の祇園会においてみられた喧嘩を一覧にしたものだが（河内将芳　二〇一二）、これをみてみると、じつは大宮駕輿丁より少将井駕輿丁がからんだ喧嘩のほうが多かったことがわかる。たとえば、そのひとつ、応永三四年（一四二七）六月一四日におこった喧嘩とはつぎのようなものであった。

神輿還御ののち、祇園大門前において、少将院(井)駕輿丁と宮仕と喧嘩、宮仕はわずか三

表2　室町時代の祇園会における喧嘩一覧

年	月日	喧嘩地点	双方の喧嘩相手	典拠
貞治三年（一三六四）	六月　七日	二条東洞院	少将井神人等（宮主法師）と武家小舎人（小舎人・雑色）	師守記 東寺執行日記
	六月一四日	三条油小路	田楽と犬神人	師守記 東寺執行日記
応永二七年（一四二〇）	六月一四日	祇園社内	少将井駕輿丁、右方（少将井御旅所）神主供奉の宮仕	八坂神社文書
			（喧嘩出来、駕輿丁数多刃傷殺害せらる）	看聞日記
			宮仕・駕輿丁	師郷記
応永三四年（一四二七）	六月一四日	祇園大門前	少将院駕輿丁と宮仕	満済准后日記

永享三年（一四三一）	六月一四日	河原（四条河原）	祇園駕輿丁と小舎人・雑色	満済准后日記
永享一一年（一四三九）	六月一四日	四条河原	少将井駕輿丁と公人	師郷記
		四条橋辺		建内記
			駕輿丁と警固のともがら	管見記
嘉吉二年（一四四二）	六月一四日	三条高倉山名桟敷前	（駕輿丁の内刃傷・殺害者これあり）	師郷記
		山名金吾桟敷（三条東洞院）前	少将井駕輿丁らと山名被官人	康富記
文安元年（一四四四）	六月　七日	四条東洞院	（駕輿丁ら喧嘩、死人・疵をこうむる等これあり）	師郷記
文安三年（一四四六）	六月　七日	四条東洞院	大政所（大宮）駕与丁と少将井駕与丁	師郷記
	六月一四日	路次	大政所（大宮）駕与丁と師子	師郷記
			師子大宮駕輿丁はまぐりうりを切る	社中方記
文安四年（一四四七）	六月一四日	三条万里小路	少将井駕輿丁ら喧嘩	建内記
		所々	（喧嘩）	師郷記
文安五年（一四四八）	六月　七日	四条東洞院	（舩・桙などの警固喧嘩、死人・疵をこうむるものらこれあり）	師郷記
宝徳二年（一四五〇）	六月一四日	祇園大路	宮仕と駕輿丁	康富記
宝徳三年（一四五一）	六月一四日	四条道場前	駕輿丁と河原者	師郷記
享徳二年（一四五三）	六月一四日	冷泉東洞院	少将井駕輿丁と畠山被官人	師郷記
享徳四年（一四五五）	六月一四日	神幸路次	（喧嘩出来）	師郷記
長禄三年（一四五九）	六月　七日		大宮駕輿丁と犬神人	八坂神社文書
寛正五年（一四六四）	六月　七日	所々	祇園会駕輿丁と社人	八坂神社文書 経覚私要鈔

十人ばかりと云々、よって犬神人をあい憑むあいだ、合力すと云々、駕輿丁は二百人ばかりと云々、公方小舎人・雑色、少将院（井）御輿（神）警固のため供奉のあいだ、かの駕輿丁をまた彼ら合力し、半時ばかり戦う、両方死人これあり、手負数知れずと云々、

これは、醍醐寺三宝院門跡満済の日記『満済准后日記』同日条にみえるものである。喧嘩がおこった現場は、「祇園大門」（南門、南大門）のまえ、無事、還幸がおわって一安心といったところで、少将井（少将院）の駕輿丁と「宮仕」とが喧嘩をはじめた。このとき、宮仕のほうは「三十人」ほどしかいなかったため「犬神人」に「合力」をたのんだことがわかるが、それもそのはず、相手方の駕輿丁は「二百人ばかり」もいたという。

この二〇〇人すべてが少将井駕輿丁であったのか、あるいは残る大宮・八王子の駕輿丁を含めた数だったのかについてはわからない。ただ、駕輿丁のほうも、神輿渡御の「警固」にあたっていた室町幕府侍所に属する「小舎人・雑色」に「合力」をたのんだために喧嘩は「半時」ばかりにおよぶ戦いに発展、結局、数知れずの「手負」ばかりか、「死人」まで出してしまったこともあきらかとなる。

ここに登場してくるものたちは、いずれも神輿に供奉するものばかりであったが、それがどのようないきさつで喧嘩になってしまったのかということまではさだかではない。し

かしながら、ひとたび喧嘩がおこってしまうと大騒動へと発展することがここからも読みとれよう。

神がのる輿

今回の喧嘩では、駕輿丁と小舎人・雑色とが手を組んで宮仕・犬神人と戦うことになったが、もちろん、この組み合わせは、ときによりさまざまものとなる。たとえば、永享三年（一四三一）六月一四日におこった喧嘩では、応永三四年のときには手を組んでいた駕輿丁と小舎人・雑色とが喧嘩をしたことを『満済准后日記』同日条は伝えている。

> 河原において、祇園駕輿丁と小舎人・雑色喧嘩出来す、両方手負数十人これありと云々、よって御（神）輿一社川（河）原に捨て置くあいだ、小舎（人脱か）・雑色ら下部（しもべ）ならびに当職内の者ども三四百人舁ぎたてまつる、神輿上げ御せず、よって祇園大門まで引きたてまつると云々、

今回も現場が「河原」ということなので、これまた還幸がおわる直前のできごとであったことがわかる。しかも、このとき、駕輿丁はその場で神輿を舁ぐことをやめてしまった

ため、「御（神）輿一社」が河原に「捨て置」かれることになった。

しかしながら、神輿が祇園社にもどらなければ祭礼はおわることができない。そこで、やむなく喧嘩相手だった「小舎人・雑色」とかれらの属する「当職」（侍所頭人）の内の者たち「三四百人」が「昇」ごうとしたものの、神輿をあげることができず、「祇園大門」まで「引」いていったという。

「御（神）輿一社」を昇ぐのに三、四〇〇人で不足とは思われないが、おそらく人数の問題ではなかったのであろう。神輿を昇ぐためには、独自の技能が必要と考えられるのと同時に、神輿が文字どおり神がのる輿であったという点も重要だったのであろう。

実際、戦国時代に描かれた洛中洛外図や『祇園祭礼図屏風』（サントリー美術館所蔵）をみてみると、神輿がすすむ場面ではかならずといってよいほどに人びとは地面にすわり、手をあわせたすがたで描かれている。そればかりか、女性たちは路次にも出ず、家屋のなかからのぞきみるように手をあわせている（河内将芳　二〇一五）。

そこからは、神をおそれうやまうようすがみてとれるわけだが、文安三年（一四四六）六月七日におこった、「四条烏丸南頬山臥（やまぶし）宿所」の「二階上」に構えられた「桟敷」を「大政所駕与（輿）丁ら」が「壊」すよう「責」めたできごと（『師郷記』同日条）もまた、桟敷から神輿をみおろすことなど、もってのほかだったからであろう。

このことからもわかるように、神輿渡御の最中におこった喧嘩に駕輿丁がしばしばかかわっていたのは、彼らが荒くれだったというわけではけっしてなく、むしろ神がのる輿にもっとも近くに供奉していたからこそと考えるべきではないだろうか。

蛤商人、今宮神人

あらためて五〇頁と五一頁の史料をみてみると、「かの駕与（輿）丁は蛤商売のともがら」「大宮駕輿丁はまぐりうり」と記されており、大宮駕輿丁が蛤商人（蛤売）（写真7）だったことがわかる。蛤商人といえば、中世京都では、今宮供御人（くごにん）とよばれる人びとがそれをおこなっていたことで知られている（豊田武　一九八二）。

写真7　**蛤売**（狩野晴川、狩野勝川模『職人尽歌合（七十一番職人歌合）』〈模本〉部分、東京国立博物館所蔵）

　ここでいう今宮とは摂津国今宮（今宮村）を意味し、また、供御人とは朝廷に属し天皇の飲食物を貢納する人びとのことを指す。たとえば、元弘（げんこう）三年（一三三三）五月二四日の年紀をもつ「内蔵寮（くらりょう）領等目録」（『宮内庁書陵部所蔵文書』）にも、「一、今宮供御人、上洛のとき、蛤一鉢これをすすむ」とみえ、上洛したさいに「今宮供御人」が内蔵寮（皇室経済をつかさどる官庁）へ「蛤一鉢」を進納していたことが読みとれる。

いっぽう、『社家記録』建治（けんじ）四年（一二七八）三月一四日条をみてみると、「今宮神人一懸これを送る」とあり、蛤商人である今宮供御人が、「今宮神人」として祇園社にも奉仕していたことがあきらかとなる。

そして、『社家記録』正平七年（一三五二）六月一四日条には、「今宮駕輿丁五十余人参る」とみえ、蛤商人である今宮神人が大宮神輿を舁ぐ駕輿丁でもあったことが知られよう（一八・一九頁の表1のなかでも「今宮駕与（輿）丁」として馬上役が下行されている）。

文安二年（一四四五）五月付で「祇園社大宮加与（駕輿）丁蛤売」がしたためた申状案（『八坂神社文書』）によれば、今宮神人は「当社開発神人なり、本座数二十五人」とみえる。ただし、『社家条々記録』には関連する記事がみえず、それがいつの時代のことだったのかについてはさだかではない。

また、いつから大宮駕輿丁だったのかについてもわからない。ただ、残された史料によるかぎり、少なくとも鎌倉時代末期・南北朝時代には、今宮神人、大宮駕輿丁としてあったことはまちがいないといえよう。

したがって、室町時代においては、大宮神輿は蛤商人である今宮神人が舁いでいたことになるわけだが、このようなありかたは、戦国時代、そして江戸時代までつづいたことが確認できる。

たとえば、『摂津名所図会』巻三にも「六月七日・十四日、京師祇園会神輿三座の首、大宮神輿の駕輿丁に、当村より村長つきそい百六十人上京して、神輿を舁ぎたてまつると両日ともに同じ」とみえ、今宮村より「百六十人上京して」いたとされているからである。

このように大宮駕輿丁は、摂津今宮の人びとによってになわれていたことがあきらかとなるが、それに対して、少将井と八王子の両神輿の駕輿丁については不明な点が少なくない。ただ、近年、室町時代の両神輿の駕輿丁については、西山剛氏によって、「町を単位とした住民によって担われていた」こと、また、その「差定は主に室町幕府がその権限を有し」ていたことなどが指摘されている〔西山剛　二〇一七〕。馬上役を下行されていた大宮駕輿丁とは異なるありかたが、両神輿の駕輿丁にみられたことだけはまちがいないといえよう。

第二章　室町時代の風流と山鉾巡行

1　風流

馬長

祇園会における山鉾巡行の特徴といえば、何といっても神輿渡御との接点が薄いという点につきる。山鉾は神輿渡御に供奉する存在ではなく、それゆえ、巡行がおこなわれる時間帯も、また、その道筋も神輿渡御の神幸路とは大きく異なっているからである。

それは、現在の祇園祭の出発点である戦国時代の祇園会においても同様であったと考えられるが、それでは、室町時代や南北朝時代ではどうだったのだろうか。そのあたりからみていくことにしよう。

のちにもふれるように、山や鉾は史料のうえでも風流（ふりゅう）とよばれたことが知られるが、それに類するものを南北朝・室町時代の古記録から抜き出して年代順に一覧にしてみると

表3のようになる。

ここからまずみてとれることは、鎌倉末期・南北朝時代前期のおおよそ一三五〇年代までは、風流を代表する存在が山や鉾ではなく、馬長（馬長童）（写真8）や歩田楽などであったという点であろう。

馬長とは、「祭礼に朝廷・院・諸貴族などから寄進された馬に乗る人を指」し、その「構成は、童・龓、それに続く雑色等数人の集団が一組であり、これらが何組も行列を作ってわたり歩いた」（福原敏男　一九九五）とされている。

写真8　馬長（『年中行事絵巻』〈模本〉）

また、馬長童とは、「造花などで美しく飾りたてた衣装を着し、化粧をした稚児が、鳥の羽根のついた編藺笠をかむり、馬に乗るという行列風流」（山路興造　二〇〇九）を指す。いっぽう、歩田楽とは、「馬には乗らず徒歩で行列に参加した」「素人による田楽」（山路興造　二〇〇九）を意味するが、このうち、「天皇や院宮家による馬長の調進は一一世紀初頭にはじまり、院政期がその最盛期であった」（五

表3　室町期祇園会風流一覧

年	月日	確認できる風流の内容								典拠
元亨二年（一三二二）	六月一四日	歩田楽								花園天皇宸記
元亨三年（一三二三）	六月一四日		馬長闕如							花園天皇宸記
元弘二年（一三三二）	六月　七日								桙など	花園天皇宸記
暦応三年（一三四〇）	六月　七日								鉾	師守記
	六月一四日	文殿歩田楽	馬長							師守記
康永元年（一三四二）	六月一四日	歩田楽	馬長						鋒衆	師守記
康永三年（一三四四）	六月一四日	文殿歩田楽	馬長						鉾	師守記
貞和元年（康永四年、一三四五）	六月　七日			定鉾				山以下作物（八日）		師守記
	六月一四日	文殿歩田楽	馬長						鉾	師守記
貞和三年（一三四七）	六月　七日								鉾冷然	師守記
	六月一四日	文殿歩田楽これなし	馬長これなし							師守記
貞和五年（一三四九）	六月　七日								鉾冷然	師守記
	六月一四日	文殿歩田楽								師守記
観応二年（一三五一）	六月一四日		馬長							園太暦
延文三年（一三五八）	六月　七日								桙衆風流止む	柳原家記録 続史愚抄

康安元年（延文六年、一三六一）	六月 七日								風流に及ばず	進献記録抄纂
貞治三年（一三六四）	六月 七日			定鉾	久世舞車			作山風流などこれなし	鉾冷然	師守記
	六月一四日			定鉾	久世舞車			作山などなし	鉾冷然	師守記
貞治四年（一三六五）	六月 七日			定鉾	久世舞車これなし			作山風流などなし	鉾冷然	師守記
	六月一四日				久世舞車これなし		笠鷺鉾これなし	作山一両		師守記
貞治六年（一三六七）	六月 七日				久世舞車これなし			作山以下これなし	鉾冷然	師守記
	六月一四日				久世舞車一両			作山三両		師守記
応安三年（一三七〇）	六月一四日					毗沙門堂日照笠これを止む			京中鉾など	後愚昧記
応安七年（一三七四）	六月 七日								下辺鉾など	後愚昧記
	六月一四日								鉾など下辺経営	後愚昧記
永和二年（一三七六）	六月 七日							造物山	下辺鉾	後愚昧記
	六月一四日								鉾など、高大鉾	後愚昧記
永和四年（一三七八）	六月 七日								鉾	後愚昧記
康暦二年（一三八〇）	六月 七日								洛中風流	迎陽記
永徳三年（一三八三）	六月 七日								鉾六七帳、飾鉾一帳	吉田家日次記

年	月日	確認できる風流の内容								典拠
応永六年（一三九九）	六月　七日								風流	迎陽記
	六月一四日							山	鉾	迎陽記
応永八年（一四〇一）	六月　七日			定桙なし					最小桙一	康富記
応永九年（一四〇二）	六月　七日								桙風流なし	吉田家日次記
	六月一四日								桙なし	吉田家日次記
応永一六年（一四〇九）	六月　七日								桙	教言卿記
応永二二年（一四一五）	六月　七日								地下用意のホコなど	満済准后日記
	七月　四日								風流一切これなし	満済准后日記
応永二六年（一四一九）	六月　七日							山	桙	康富記
	六月一四日							山	桙	康富記
応永二七年（一四二〇）	六月一四日							山	笠	看聞日記
応永二八年（一四二一）	六月　七日				舞車					花営三代記
応永二九年（一四二二）	六月　七日							山	桙	康富記
	六月一四日							山、船	桙、笠	康富記 兼宣公記
応永三一年（一四二四）	六月　七日							山	ホコ	満済准后日記 兼宣公記
	六月一四日			定鉾				山	渡物、桙、笠	看聞日記 満済准后日記 兼宣公記

応永三二年（一四二五）	六月　七日								笠風流、桙	看聞日記　薩戒記　兼宣公記
応永三三年（一四二六）	六月一四日								桙	兼宣公記
応永三四年（一四二七）	六月　七日								ホコ	満済准后日記　兼宣公記
	六月一四日							山	鉾	満済准后日記　兼宣公記
正長元年（一四二八）	六月　七日								所々風流	師郷記
	六月一四日							山	所々風流、笠	師郷記　建内記
正長二年（一四二九）	六月　七日								風流内・院に参らず	薩戒記目録
永享二年（一四三〇）	六月一四日								風流など	師郷記
永享三年（一四三一）	六月一四日							山	笠	満済准后日記　師郷記　看聞日記
永享四年（一四三二）	六月　七日								渡物	看聞日記
永享八年（一四三六）	六月一四日						北畠笠鷺桙、大舎人桙			看聞日記
永享九年（一四三七）	六月　七日								風流など	師郷記
	六月一四日						大舎衛桙、北畠笠鷺桙		風流	看聞日記　師郷記
永享一〇年（一四三八）	六月一四日						笠鷺、大舎衛			看聞日記

年	月日	確認できる風流の内容								典拠
永享一一年（一四三九）	六月一四日		馬長のこと近代沙汰におよばざるか					山	笠、拍子物など	建内記
嘉吉元年（一四四一）	六月　七日								桙、笠	建内記
	六月一四日						笠鷺桙、大舎衛		鉾、笠	建内記 看聞日記
嘉吉二年（一四四二）	六月　七日							山	桙	康富記
	六月一四日							山、船	桙、笠	康富記
嘉吉三年（一四四三）	六月　七日							山	桙	康富記
	六月一四日						毗沙門堂鷺舞牛背に屓う	山	桙	康富記 建内記
文安元年（一四四四）	六月一四日							山	笠	建内記
文安三年（一四四六）	六月一四日								風流	師郷記
文安四年（一四四七）	六月　七日							山	桙	康富記
文安五年（一四四八）	六月　七日							山、船	桙	師郷記 康富記
	六月一四日							山	桙	康富記
宝徳元年（文安六年、一四四九）	一二月　七日							山	桙	康富記 綱光公記
	一二月一四日							山	笠、桙	康富記

年	月日									典拠
宝徳二年（一四五〇）	六月　七日							山	笠、桙など	康富記 綱光公記
	六月一四日							山	笠	康富記 綱光公記
宝徳三年（一四五一）	六月　七日								風流	師郷記 綱光公記
	六月一四日							山	桙	師郷記
宝徳四年（享徳元年、一四五二）	一二月二八日							山	桙	師郷記
	一二月二九日								風流など昨日ことごとくこれあり	宗賢卿記
享徳二年（一四五三）	六月　七日							山	桙	師郷記
	六月一四日								去る七日風流残り分	師郷記
享徳三年（一四五四）	六月一四日								矛	師郷記
康正二年（一四五六）	七月　七日								風流少々	師郷記
	七月一二日								風流少々	師郷記
長禄元年（康正三年、一四五七）	六月　七日								渡物	経覚私要鈔
長禄三年（一四五九）	六月　七日								渡物七日、十四日を兼ねる	蔭凉軒日録
寛正五年（一四六四）	六月一四日						北畠跳	山	ホコなど	蔭凉軒日録 経覚私要鈔
寛正六年（一四六五）	六月一四日				加々車		北畠跳			親元日記 蔭凉軒日録

味文彦　一九八四〕〔植木行宣・福原敏男　二〇一六〕という。

たとえば、藤原為隆の日記『永昌記』天治元年（一一二四）六月一四日条をみてみると、「内」（崇徳天皇）・「院」（白河上皇）・「新院」（鳥羽上皇）の「殿上人」が「仰せをこうむり」「馬長七十余人を騎せしむ」と記されている。

上皇や天皇の近臣たちが馬長を調進していたことが知られるが、同じ記事には、「年来御輿の後にあり、今度前陣に供奉す」とみえ、これまで「御輿の後」に「供奉」していた馬長が、このときは「前陣に供奉」したことが読みとれる。ここからは、馬長が神輿に供奉する存在であったということが知られよう。

鎌倉時代に入っても馬長のはなやかさはかわらなかったようで、たとえば、寛喜三年（一二三一）一一月三日付の宣旨（『中世法制史料集』第六巻）には、「祇薗御霊会」の「過差」（度をこした華美）を「停止」し、「御霊会馬長童、紅の引倍木および生絹の単衣を着すべからず」という条項がみえる。

ただ、そのいっぽうで、弘長三年（一二六三）八月一三日付の宣旨（『中世法制史料集』第六巻）からは、「鶴侶」（高雅な友人）の「存するところ」であった「馬長の所役」が「近年」「ややもすれば」「闕如」（必要な物事の省略）におよぶため、「祇園御霊会馬長人数をさだめられ、殿上人結番騎進」するようにと「殿上人」の「結番」（順番をさだめた交代）

による「騎進」とならざるをえなかったようすも読みとれる。

そして、おそらくはその延長線上に『花園天皇宸記』元亨三年（一三二三）六月一四日条にみえるような、「今年馬長」「領状」（承知すること）の「仁」（人）なく、「ついに騎進せず、力およばざるのあいだ、闕如」といった状況もあらわれることになったと考えられる。馬長は、年を追うごとに事欠くようになっていったとみられよう。

山の登場

じつは、右の記事のすぐあとに「今日桙（鉾）衆ら群参乱舞」という一節が書かれてあり、のちの鉾につながるとされる存在もみられるのだが、この点についてはあとでふれることにして、表3をみてみると、山の存在もしばらくすると確認できるようになる。たとえば、つぎの史料がその初見とされている。

　今日、山以下作物これを渡すと云々、昨日雨により斟酌、今日これを渡すと云々、

これは、中原師守の日記『師守記』康永四年（一三四五）六月八日条にみえる記事である。ここにみえる「山以下作物」が、いわゆる山に相当すると考えられるわけだが、ここ

でいう「作物」（造物、造り物）とは、さまざまな人や物のかたちを作りかざった出しものを意味する。したがって、祇園会の山もまた、造物としてかざられていたことが知られよう。

もっとも、右の記事を師守がおどろきをもって書いていないことから考えれば、実際には、これよりまえにすでに山は登場していた可能性が高い。それがどこまでさかのぼれるのかといった点についてはさだかではないが、この記事が山の登場を示す初見であるのと同時に、それが「渡」されたのが、翌日の六月八日であったという点には注意する必要があろう。

というのも、前日の六月七日条の記事をみてみると、「洪水により」「浮橋」は架けられなかったものの、「神輿」が「河原」を「舁き渡」ったことがわかり、ここから、「山以下作物」が、神輿に供奉する馬長とは距離をおくものだったことがあきらかとなるからである。

風流としての山

ところで、一条兼良（いちじょうかねよし）の筆になると伝えられる『尺素往来（せきそおうらい）』では、山のことを「風流の造山」と記している。ここでいう「風流」とは、風流拍子物（はやしもの）（囃物）を意味し、また、「風流拍子物は中世の半ば頃から後期にかけて盛んに行われるようになった集団的歌舞」であると同時に、「災厄をもたらす神霊を囃して鎮め送る機能を本質とし、風流すなわち神霊を依らせる造り物や装いを特色とするものであった」〔植木行宣　二〇一四〕と民俗学では説明されている。

つまり、「風流の造山」とは、「災厄をもたらす神霊を囃して鎮め送る」ために出されたものだったわけだが、そのことは、たとえば、つぎのような史料からも読みとることができる。

今日、赤疹（せきしん）を送ると号し、構中（かまえちゅう）の地下人（じげにん）ら、とりわけ結構の風流囃物作山などこれあり、

これは、舟橋宗賢（ふなはしむねかた）の日記『宗賢卿記（むねかたきょうき）』文明三年（一四七一）八月二六日条にみえる記事である。文明三年といえば、応仁・文明の乱のまっただなかであり、祇園会も応仁元年（一四六七）以来、停止に追いこまれていた時期にあたる。

したがって、右の記事は、祇園会のことを伝えているものではない。しかしながら、東西に分かれて戦う軍勢のうち、将軍足利義政をはじめとした東軍がたてこもる「御構（おんかまえ）」

〔東構などともよばれた〕〔下坂守　二〇一四〕のなかでは、疫病である「赤疹」〔同じ『宗賢卿記』八月二六日条に「ハシカ」とみえる〕が流行、そのため、「地下人ら」〔庶民たち〕が「風流囃物作山」をつくり、「赤疹を送る」ためにそれらを巡行させていたことが知られよう。

ここから、疫病をおこす原因と考えられていた疫神を「地下人ら」が「囃して鎮め送る」ことによって、その鎮静をはかろうとしていたことがわかる。また、同年閏八月七日にも「諸大名」が「祇園会三条・四条桟敷のごとく」〔『宗賢卿記』同日条〕して見物したと伝えられており、同じような意味合いを祇園会の山もそなえていたことがあきらかとなろう。

ちなみに、鉾のほうも、延文三年〔一三五八〕の史料〔『柳原家記録』〕に「桙（鉾）衆風流」と出てくるので、同じような意味合いをそなえていたことが知られる。また、『尺素往来』と同じく一条兼良の筆になるとされている『年中行事大概』には、「祇園御霊会むかしは馬長とて、馬に乗せたるひとつ物を諸家よりたてまつりしなり、今は地下のともがら山・笠をつくりて、その面影を残せるばかりなり」とみえる。

ここでは、「山・笠」が「馬長」の「面影を残」すものとされているが、馬長に「災厄をもたらす神霊を囃して鎮め送る」ことまでが期待されていたのかどうかについてはさだかではない。あるいは、馬長のすがたが失われてひさしくなったころにはこのような理解がなされるようになっていたのかもしれない。

定鉾

山の初見とされる『師守記』康永四年（一三四五）六月八日条の前日にあたる七日条をみてみると、つぎのような記事を見いだすことができる。

今日祇園御輿（神）迎なり、定鉾（しずめほこ）例のごとし、御行酉（とり）の始めと云々、

これによれば、神幸がおこなわれた「酉の始め」（午後六時ごろの前半）よりまえに「定鉾」のすがたがあったことがわかる。この定鉾については、『尺素往来』に「祇園御霊会、今年ことに結構、山崎の定（シツメ）鉾」とみえ、また、『尺素往来』のもとにあたる『新札往来（しんさつおうらい）』にも「所々定鉾」とみえるものとして知られている。

とりわけ前者の記事から、定鉾は「山崎」、おそらくは山城国乙訓郡大山崎（やましろのくにおとくにぐんおおやまざき）の神人として知られる大山崎神人によってになわれた鉾であり、また、「定」に「シツメ」というルビがふられている点から、「しづめほこ」とよばれていたこともあきらかとなろう。

右の記事は、その定鉾の初見にあたるものだが、「例のごとし」とみえる以上、これよりまえに存在していたことは確実である。そのことをふまえたうえで、表3をみてみると、貞治三年（一三六四）六月七日には、「作山風流などこれなし、定鉾ばかりなり」（『師守記』同日条）とあり、山などが出されなかったなか定鉾だけが存在したことがわかる。

同じようなことは、翌貞治四年（一三六五）六月七日にもみられるが、応永八年（一四〇一）六月七日には、「今日定桙（鉾）なし、ただ最小桙（鉾）一これあり」（『康富記』同日条）と、逆に「最小桙（鉾）」が一基出るなか定桙（鉾）が出なかったこともあった。

ここで注意しなければならないのは、貞治三年六月一四日に「作山などなし、定鉾においては、近年のごとくか」（『師守記』同日条）とみえる点であろう。この一四日も七日同様、山などが出ないなか定鉾だけが出ていたことが読みとれるが、ここからは定鉾が七日と一四日の両方に出ていたこともあきらかとなるからである。もっとも、「近年のごとくか」とみえる以上、もともとは七日のみであったのが、一四日にも出るようになったのかもしれない。

風流としての定鉾

これまで、定鉾については、「神輿迎えに供奉したという事からして、神社側の馬上一二鉾のことではないか」（山路興造　二〇〇九）とか、あるいは、「神幸とは切り離せぬ存在だった」（植木行宣　二〇〇一）などと理解されてきた。

　しかしながら、表3をみるかぎり、山や、このあとにふれる「久世舞車」「笠鷺鉾」などと区別する必要はとくにないように思われる。また、これまでは、「応永八年（一四〇一）に欠勤の記事を残し、その後は所見を欠く（『康富記』）。そのころから出なかったとみられる」（植木行宣　二〇〇一）とも考えられてきた。ところが、それをくつがえす史料も残されている（河内将芳　二〇一七）。具体的には、つぎがそれである。

> 祇園会なり、風流鉾など内裏（称光天皇）ならびに仙洞（後小松上皇）に参るものなり、そもそも内裏築垣南西角坤堀（掘）り破り、定鉾などにいたるまでことごとく清涼殿南庭に召されると云々、希代の儀か、仙洞巽角築山の上に御桟敷を構えられ、翠簾を懸けられ、この所において御見物すと云々、

　これは、広橋兼宣の日記『兼宣公記』応永三一年（一四二四）六月一四日条にみえる記事である。この年の六月七日にも「祇園会ホコ・山など」が「内裏・仙洞へ参」（『満済准后日記』同日条）ったが、それについてはつぎの章でふれるとして、それから七日たった

一四日にも、「風流鉾など」が「内裏ならびに仙洞」へ参ったことを右の史料は伝えている。

この日、ときの室町殿足利義持は、祇園会を「右京大夫（細川満元）亭において御見物」（『満済准后日記』六月一四日条）したことが確認できるので、「風流鉾など」は、義持が見物したのち、その仰せによって推参することになったのだろう。

ここで注目されるのは、その「風流鉾など」のなかに「定鉾」のすがたがみられる点である。これにより、応永八年以降も定鉾が存在していたことが確認できるとともに、定鉾が「風流鉾など」のひとつであったこともあきらかとなるからである。

しかも、目をひくのは、「内裏築垣南西角坤堀（掘）り破」られたために「定鉾などにいたるまでことごとく清涼殿南庭に召さ」れたという事実が読みとれる点であろう。「仙洞」（後小松上皇）が、「巽角築山の上に御桟敷を構えられ、翠簾を懸けられ、この所において御見物」したとあるように、あくまで御所内から見物したのに対し、「内裏」（称光天皇）のほうは、わざわざ「築垣南西角」を「堀（掘）り破」り、「定鉾などにいたるまでことごとく」「清涼殿南庭」に「召」して見物したと伝えられているからである。「内裏」の執心ぶりがうかがえよう。

なお、右の史料の書き様からすると、「定鉾」は、ほかの「風流鉾など」とはあきらかに見分けがつくような存在であったこともうかがえる。この点については、すでに植木行宣氏が指摘するように、「大舎人の鵲鉾」とともに、「固有の名称をもつ二つの「鉾」は、形態が固定していたことを意味」〔植木行宣　二〇〇一〕するのかもしれない。ただし、そのすがたを知る手がかりは残されていない。

久世舞車

表3をみてみると、貞治三年（一三六四）六月七日と一四日から「久世舞車」とよばれる風流が登場することがわかる。七日条と一四日条にともに記されていることから、この久世舞車もまた、定鉾と同じように、六月七日と一四日の両方に出たことが知られる。また、表3によれば、「舞車」とも、「加々車」ともよばれたことが読みとれる。

山路興造氏によれば、久世舞車とは、「当時の流行芸能であった久世舞（曲舞）を、車舞台の上で演じるものであった」という。また、世阿弥最晩年の著作と考えられている『五音』のなかの「祇園の会の車の上の曲舞、この家なり」という記述などから、「昔は道の曲舞（曲舞を専門とした芸能者の家）が多くあったが、永享の頃にはいずれも絶えて、女曲舞の賀歌の末流しか残って」おらず、「この賀歌の流こそが、祇園会の久世舞車に関与した家で」〔山路興造　二〇〇九〕あったともされている。

『花営三代記』応永二八年（一四二一）六月七日条には、「祇園会あり、舞車御所へ参る」とみえ、また、蜷川親元の日記『親元日記』寛正六年（一四六五）六月一四日条にも「祇園会加々車公方へ参る」とみえるので、久世舞車が室町殿の御所へ参入していたことはあきらかといえる。

応永二八年時の室町殿は足利義持、そして、寛正六年時は足利義政であり、それぞれの御所は三条坊門殿と室町殿と大きく異なる（図1参照）。しかしながら、ともに御所へ参入していることからすれば、「久世舞車を出したのが、室町将軍家であったからではなかったか」（山路興造　二〇〇九）どうかはともかくとしても、久世舞車と幕府との関係が深いものであったことはまちがいないであろう。

ちなみに、山路氏は、「現在の祇園祭りに出される「鉾」の原形は、この久世舞車（舞車）と呼ばれた車舞台と、本来の鉾がドッキングしたものである」との理解を示している。この点については、福原敏男氏が、「舞車と鉾とは別の系譜にあろう」（福原敏男　二〇〇六）との疑問を呈しているが、残念ながら著者自身は芸能史の素養にとぼしく、言及することがかなわない。

ただ、室町・戦国時代の奈良でおこなわれていた南都祇園会の「舞車」について、『東大寺雑集録』巻九が、「舞車一郷に一つずつこれありて、この舞車にて八撥を打つなり」

と記していることから考えれば、同じように「舞車」と記されつつも、寛正六年の時点においてもなお「加々車」とよばれた久世舞車とは異なる部分が多かったように思われる〔河内将芳　二〇一二〕。

笠鷺鉾（鵲鉾）

表3をあらためてみるとわかるように、史料のうえで久世舞車が登場した貞治三年から一年たった貞治四年（一三六五）六月一四日、今度は「笠鷺鉾」の存在が確認できるようになる。

もっとも、そのことを伝える『師守記』同日条には、「今年笠鷺鉾これなし」とあり、「今年」「笠鷺鉾」がなかったという以上、実際にはそれよりまえに存在していたことはあきらかといえる。

この笠鷺鉾については、『新札往来』に「大舎人鵲鉾」、また、『尺素往来』にも「大舎人の鵲鉾」とみえ、「大舎人」によってになわれ、「鵲鉾」ともよばれていたことが知られている。ただ、そのいっぽうで、伏見宮貞成の日記『看聞日記』（『看聞御記』とも）永享八年（一四三六）六月一四日条などでは、「北畠笠鷺桙（鉾）」とみえ、「北畠」が笠鷺鉾をになっていたと記されている。

ここでいう大舎人とは、のちの西陣あたりに居住する綾織物の織手集団（のちの大舎人座）のことを指し、北畠とは、相国寺（しょうこくじ）に所属する北畠の散所（さんじょ）、あるいは声聞師（しょうもじ）（民間の陰陽師）集団〔源城政好　二〇〇六〕を意味している。つまり、大舎人と北畠とは、あきらかに別個の集団であるにもかかわらず、それらが笠鷺鉾をになっていると史料には記されていることになろう。

なぜそのようなことになるのか、難問といわざるをえないが、この点については、山路興造氏によって、「祇園御霊会に鵲鉾を出し、鷺舞を演じたのは北畠の声聞師たちで」あり、「彼らが彼らだけの力で、祇園祭に参加したとは考えられないから、別に鷺舞の芸能者として彼らを雇ったパトロン」として「大舎人座の人々であり、大舎人町の住人」が存在していたのではないかとの想定が示されてきた〔山路興造　二〇〇九〕。

もっとも、この想定には裏づけとなる史料が欠けていた。ところが、次節でくわしくみる八坂神社所蔵の『祇園会山鉾事』には、「一、さきほく（鷺鉾）　北はたけ（畠）」「一、かさほく（笠鉾）　大とのゑ（舎衛）」との記事が見いだせ、これによって、『尺素往来』のいう「大舎人の鵲鉾」が、大舎人（大舎衛）の笠鉾と北畠の鷺鉾（鷺舞）が対となって存在していたことがあきらかとなったのである〔河内将芳　二〇〇六〕。

一四日の風流としての笠鷺鉾（鵲鉾）

実際、そのようにしてみると、『看聞日記』永享九年（一四三七）六月一四日条に「祇園会例のごとし、朝、大舎衛桙（鉾）、北畠笠鷺桙（鉾）など参る」とわざわざ書き分けていることにも納得がいく。

しかも、「一、さきほく（鷺鉾）　北はたけ（畠）」「一、かさほく（笠鉾）　大とのゑ（舎衛）」との記事は、『祇園会山鉾事』のなかの「応仁乱前分　十四日」（九〇頁の表4参照）のところに書かれている。笠鷺鉾が、六月一四日に出るほかの山や鉾と同列に位置づけられていたことはあきらかといえよう。

そういう意味では、笠鷺鉾は、七日と一四日の両日に出される定鉾や久世舞車とも趣を異にするわけだが、応仁・文明の乱による三三年間の中断をへて明応九年（一五〇〇）に再興された祇園会においては、そのすがたはみられなくなる。

たとえば、『祇園会山鉾事』の「明応九　六　十四」のところに記された山々のなかにもその名を見いだすことはできないし（九四・九五頁の表5参照）、また、明応九年から永正四年（一五〇七）にいたるまで数度にわたって幕府が「大舎人のともがら」に対して「神役」に「随」うよう命じても、まったく埒があかなかったことも知られているからである〔河内将芳　二〇一二〕。

ちなみに、定鉾や久世舞車も、戦国時代の祇園会においてはそのすがたを確認することができなくなる。それらがいつすがたを消したのかという点については、残念ながらさだかではない。ただ、万里小路時房の日記『建内記』永享一一年（一四三九）六月一四日条に「馬長のこと、近代沙汰におよばざるか」とみえることからすれば、馬長を追いかけるようにしてフェードアウトしていったか、あるいは応仁・文明の乱を境にして中断に追いこまれることになったのであろう。

そのようななかにあって、明応九年の祇園会再興にあたり幕府が執拗に笠鷺鉾の復活をもとめたという事実は、逆に笠鷺鉾が室町時代の祇園会のなかでも六月一四日の風流を代表する存在だったことをうきぼりにするものといえるのかもしれない。

2 山鉾巡行

京中鉾

先にもふれたように、山に先行するかたちで鉾は「鉾衆」などと史料に登場するとされているが、表3をみるかぎり、なにゆえか「冷然」（人けがなく、さむざむとしているさま）というようすがつづいていたことが読みとれる。ところが、応安三年（一三七〇）ころから一転してそのようすにも変化がみられていくことになる。

たとえば、三条公忠の日記『後愚昧記』応安三年六月一四日条には、つぎのように記されている。

> 祇園御霊会の日なり、しかれども祭礼の儀なし、（中略）ただし、京中鉾などにおいては、先々にたがわずと云々、

六月一四日といえば、「祇園御霊会」、つまり還幸の日にあたる。ところが、「祭礼の儀」（神輿渡御）はおこなわれず、にもかかわらず、「京中鉾など」が「先々にたがわず」（これまでどおり）出されたことがわかる。ここからは、式日に神輿渡御がおこなえないという異常事態に祇園会がみまわれていたことが知られよう。

その背景には、これより先、応安元年（一三六八）から二年にかけて、延暦寺大衆が、日吉七社（七基）の神輿を入京させ、南禅寺の「新造楼門」（新しくつくった山門）の破却をもとめたさいに破損した神輿の造替（造り替え）をめぐり、室町幕府とのあいだできびしく対立していたことがある。

一見すると、日吉社（日吉大社）の神輿造替と祇園会の神輿渡御とのあいだには、何の

関係もないようにみえる。しかしながら、神仏習合の中世社会にあって、祇園社が延暦寺ならびに日吉社の末寺・末社であったことをふまえるなら、そう簡単に割り切れるものでなかったことはあきらかといえよう。

本社である日吉社の神輿の造替が終わっていないのに、末社である祇園社の神輿だけが渡御するわけにはいかないという、本社・末社の関係を前提にした、目にはみえない圧力がそこにはあったからである。そのため、祇園会の神輿渡御は、日吉社の神輿が造替される康暦（こうりゃく）二年（一三八〇）まで、およそ一〇年あまりにわたって停止に追いこまれることになる。

下辺の鉾

じつは、そのような異常事態がつづくなか、鉾や山だけは出され、渡っていた（巡行していた）ことが史料から読みとれる。それは、先にみた記事だけではなく、つぎの『後愚昧記』永和（えいわ）二年（一三七六）六月七日条からもあきらかとなる。

祇園御輿（神）迎なり、しかれども神輿造替いまだ道行（みちゆ）かずそうろうあいだ、神輿出でたまわず、（中略）下辺の鉾ならびに造物山先々のごとくこれを渡す、大樹（足利義満）桟敷〈四条東洞院と云々〉、

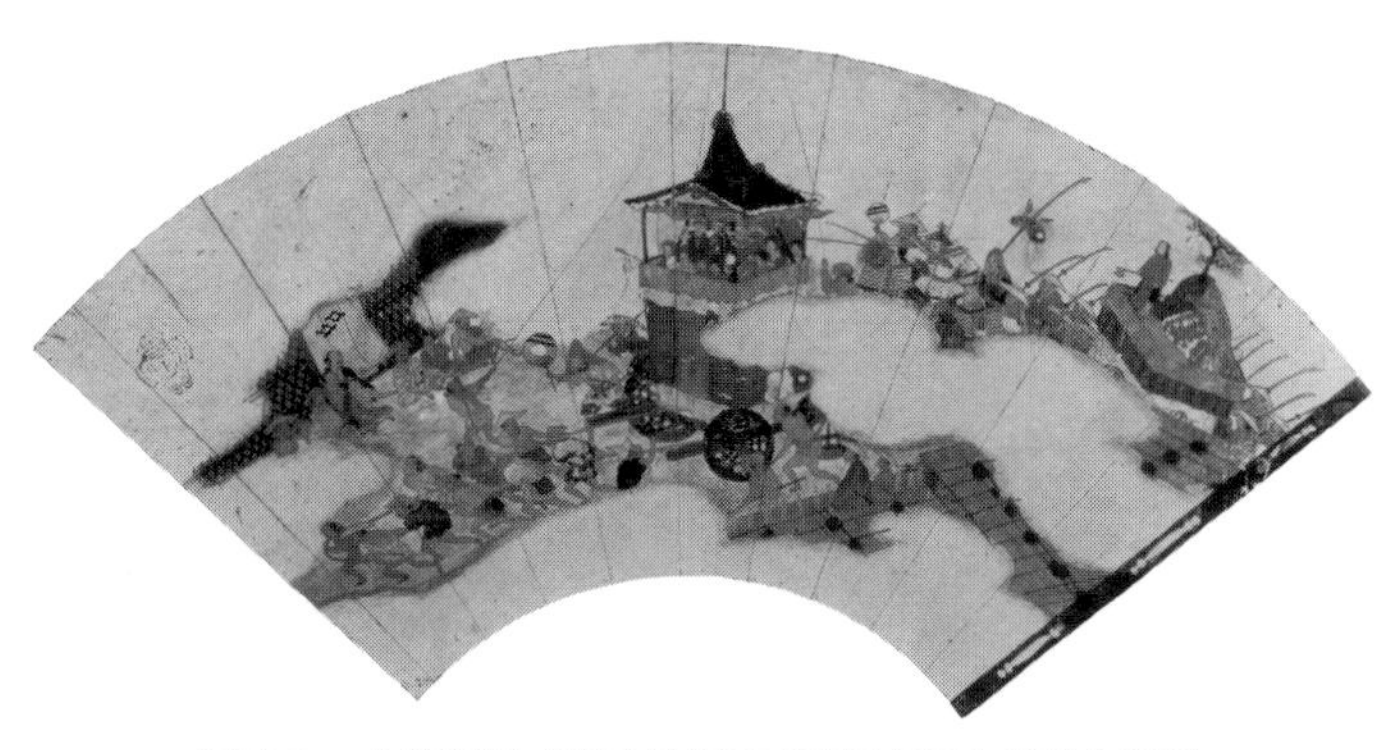

写真９　山鉾巡行（『月次風俗図扇面流し屏風』光円寺所蔵）

を構え見物すと云々、

この年も、日吉社の「神輿造替」が「道行かず」（すすんでいなかった）ため、祇園の神輿も渡御することができなかった。にもかかわらず、「下辺の鉾ならびに造物山」は、「先々のごとく」渡り、それらを「十九」（『公卿補任』）歳の若き「大樹」（将軍足利義満）が、「四条東洞院」に桟敷を構えて見物したことがあきらかとなる。

このような室町将軍による祇園会の見物についても、つぎの章でくわしくみるとして、右の記事からだけでも、神輿渡御がおこなわれないなか、およそ一〇年あまりにわたって、鉾と山だけが巡行するかたちの祇園会がつづいていたことが知られよう。

その結果、人びとの目はおのずと鉾や山へとそそがれていくことになるわけだが、この間に史料にあらわれてくる鉾と山が、「京中鉾」や「下辺の鉾ならびに造物山」、あるいは、「祇園会鉾など、下辺経営」（『後愚昧記』応安七年六月一四日条）と記されている点は注目される。

ここにみえる「下辺」とは、のちの下京につながるものであり、鉾や山が「下辺」（下京）に居住する人びとやこの地域とかかわりをもつ人びとによって「経営」（工夫をこらしていとなむこと）されていたことがあきらかとなるからである。

このようにして、神輿渡御からおくれること、およそ三百数十年あまりたって山鉾巡行はそのすがたをあらわすことになるのだが、それがいつから神輿渡御の式日である六月七日と一四日に歩調をあわせるかのようにして二度おこなわれるようになったのかということまではさだかではない。

ただ、表3によるかぎり、貞治三年（一三六四）には、六月七日と一四日に鉾と山の記事がみられるから、おそくともこのころには、両日に山鉾巡行もおこなわれるようになっていたと考えられよう。


『祇園会山鉾事』

それでは、南北朝以降、室町時代に巡行していた山や鉾とはどのようなすがたをし、また、何基巡行していたのであろうか。残念ながら、そのすがたについては、のちにふれる

『月次祭礼図屛風』（模本）（東京国立博物館所蔵）をのぞいて絵画史料にとぼしく、また、表3をみてもわかるように、「笠」や「船」をのぞけば、ほとんど知る手がかりにめぐまれない。

もちろん数も皆目わからないといわざるをえないが、そのようななか、唯一の手がかりとして知られているのが、『祇園会山鉾事』（八坂神社所蔵）（写真10）である。『祇園会山鉾事』とは、応仁・文明の乱によって停止に追いこまれたのち、三三年たった明応九年（一五〇〇）に再興されたさいに、室町幕府侍所開闔の職にあった松田頼亮によって書き残された記録である。

ただし、それを書き残すにあたって、頼亮は、「古老」などに「あい尋ねて」調べあげたと記しているから、かならずしも同時代の史料とはいいがたい。しかも、現在、八坂神社に残されているものも、頼亮の孫である松田頼隆が永禄三年（一五六〇）九月一八日に「あい写」して「判形を加え」たものとなっている。

しかしながら、室町時代の山鉾を詳細に記した史料として『祇園会山鉾事』は、唯一にして、最古となるので、当面はこれにたよるしかないというのが実情といえよう。そこで、『祇園会山鉾事』に記される「祇園会山ほくの次第」の「応仁乱前分」（室町時代）の山鉾を一覧にしたのが表4である。これをみてみると、室町時代には、六月「七日」に三二基、

表4　応仁・文明の乱前の山鉾

【応仁乱前分】

式日	記載順	山鉾名	所在地
七日	1	長刀ほく	四条東洞院
	2	かんこくほく	四条烏丸と室町間
	3	かつら男ほく	四条室町と町間
	4	かんたかうふきぬ山	四条東洞院と高倉間
	5	こきやこはやし物	四条油小路と西洞院間
	6	あしかり山	四条いのくま
	7	まうそ山	錦少路万里小路と高倉間
	8	いたてん山	同東洞院と高倉間
	9	弁慶衣川山	錦烏丸と東洞院間
	10	**あしかり山**	**同烏丸と室町間**
	11	天神山	同町と室町間
	12	こかうのたい松山	同西洞院と町間
	13	すミよし山	綾少路油少路と西洞院間
	14	地**さ**うほく	同町と西洞院間
	15	こはんもち山	五条高倉と高辻間
	16	花ぬす人山	同東洞院と高倉間
	17	うかひ舟山	四条高倉と綾**少**路間
	18	ひむろ山	綾少路万里少路と高辻間
	19	あしかり山	錦少路東洞院
	20	はねつるへ山	四条東洞院と綾少路間
	21	まうそ山	錦少路烏丸と四条間
	22	花見の中将山	綾少路と四条間
	23	山ふし**ほく**	四条坊門むろ町
	24	**菊**水ほく	錦少路と四条間
	25	庭とりほく	綾少路室町と四条間
	26	はうかほく	錦少路町と四条間
	27	しんくくわうくうの舟	四条と綾少路間
	28	岩戸山	五条坊門町と高辻間
	29	おかひき山	**五条町と高辻間**
	30	かまきり山	四条西洞院と錦少路間
	31	たるまほく	錦少路油少路
	32	太子ほく	五条坊門油少路と高辻間

式日	記載順	山鉾名	所在地
十四日	1	すて物ほく	二条町と押少路間
	2	たいしほく	押少路と三条坊門間
	3	弓矢ほく	姉少路と三条間
	4	甲ほく	所々のくら役
	5	八幡山	三条町と六角間
	6	ふたらく山	錦少路町と四条坊門間
	7	しんくくわうく舟	四条と綾少路間
	8	やうゆう山	三条烏丸と室町間
	9	すゝか山	同烏丸と姉少路間
	10	鷹つかひ山	三条室町と西洞院間
	11	山	三条西洞院と油少路間
	12	ふすま僧山	鷹つかさ猪熊**近**衛と間
	13	なすの与一山	五条坊門猪熊**与**高辻間
	14	うし若弁慶山	四条坊門烏丸と室町間
	15	しやうめう坊山	同町と室町間
	16	泉の小二郎山	二条室町と押少路間
	17	ゑんの行者山	姉少路室町と三条間
	18	れうもんの瀧山	三条町と六角間
	19	あさいなもん山	綾少路いのくま
	20	柳の六しやく山	四条高倉と綾
	21	西行山	
	22	しねんこし山	
	23	てんこ山	
	24	柴かり山	
	25	小原木の山	
	26	かさほく	大との**ゑ**
	27	**さきほく**	**北はたけ**
	28	くけつのかい山	高辻いのくま

（注）
・ゴシックが誤字や書き忘れ。
・「少路」はいずれも「小路」がただしい。

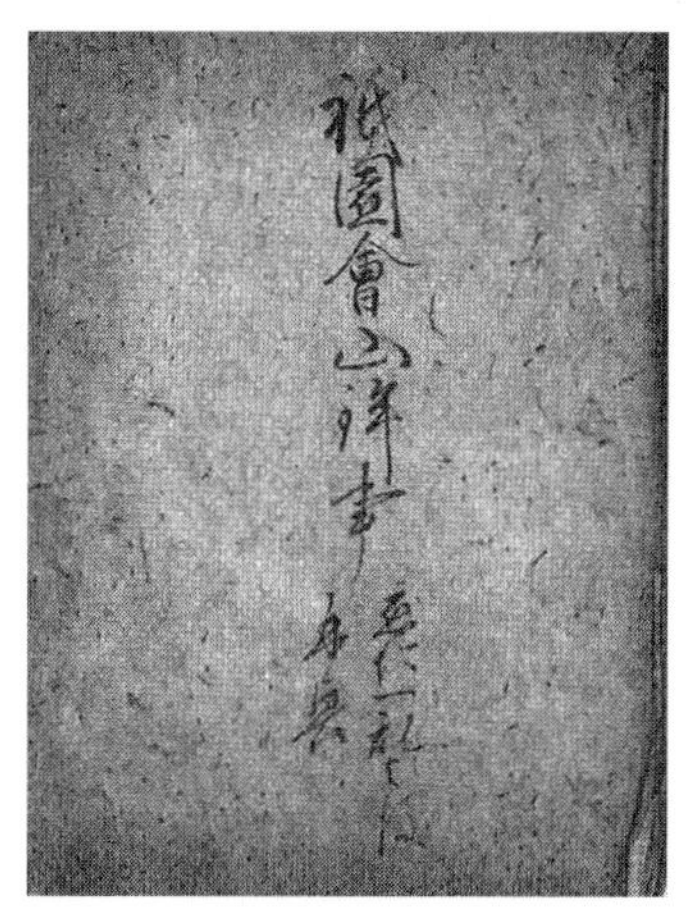

写真10　『祇園会山鉾事』（八坂神社所蔵）

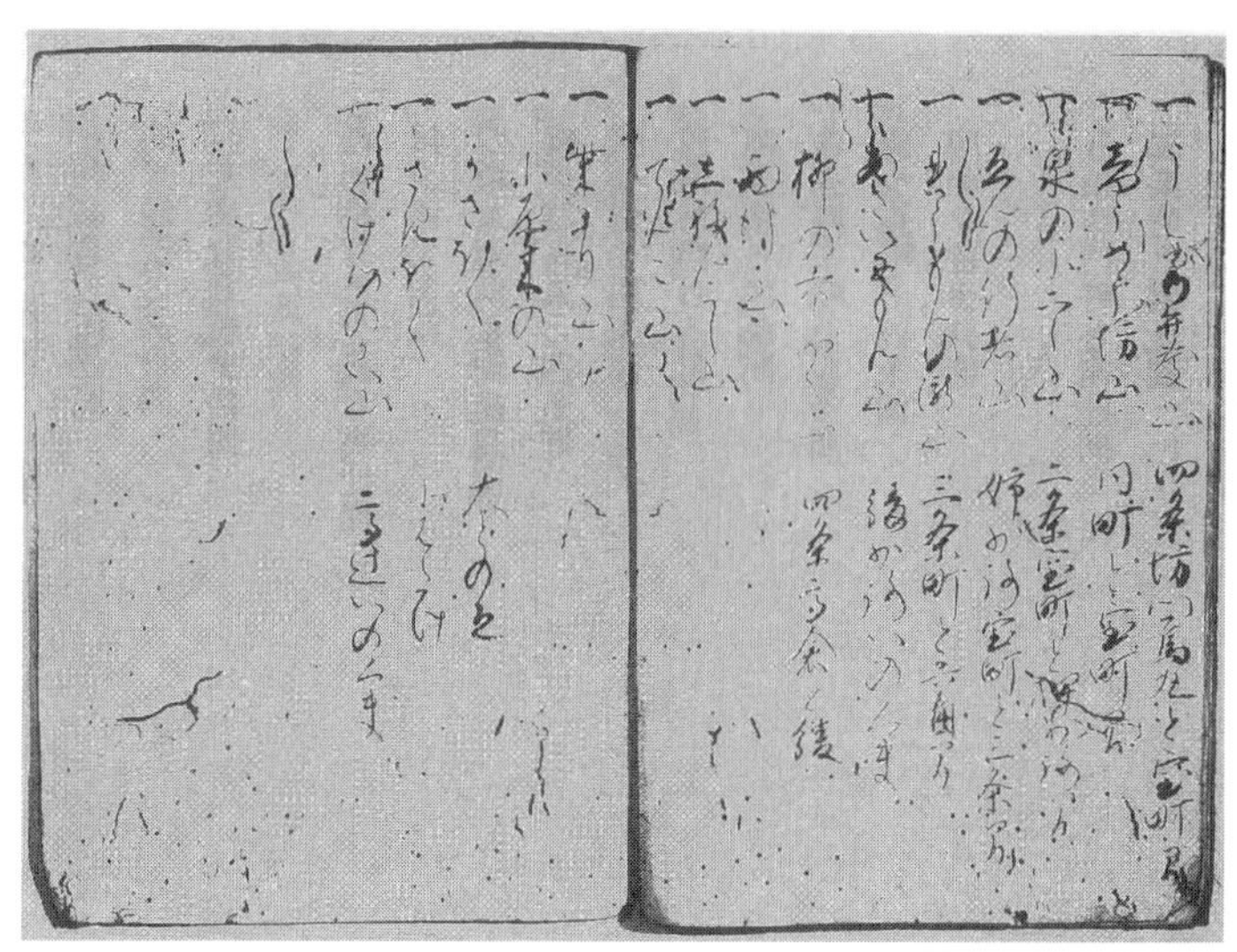

写真11　『祇園会山鉾事』に記載される「さきほく　北はたけ」

また六月「十四日」に二八基、あわせて六〇基の山鉾が存在していたことが読みとれる〔河内将芳　二〇〇六〕。

じつは、『祇園会山鉾事』が確認される以前は、江戸時代の祇園執行行快（ぎょうかい）によって編纂された『祇園社記』第一五所収のものがつかわれていた。ところが、それと『祇園会山鉾事』とをみくらべてみると誤字があるだけではなく、山や鉾の書き忘れなどもあったことが確認できる〔河内将芳　二〇〇六〕。

具体的には、表4のなかのゴシックになっているところがその誤字や書き忘れにあたるが、先にふれた「一、さきほく（鷺鉾）　北はたけ（畠）」（写真11）もまた、それに含まれており、『祇園会山鉾事』が確認されたことは、祇園祭の研究においても重要なできごとであったといえよう。

六〇基の山鉾

なお、『祇園会山鉾事』には、室町時代の山鉾についての記載がみられるいっぽうで、明応九年（一五〇〇）に再興されたさいの山鉾の情報も載せられている。それを一覧にしたのが表5であり、これによれば、明応九年以降、つまり戦国時代では、七日に二六基、一四日に一〇基、あわせて三六基の山鉾が存在したことが知られる。

六〇基から三六基へ、おおよそ半減するかたちで戦国時代の山鉾巡行はうごきだしたわけだが、この三六基が現在に伝わる山鉾の出発点であることは、本書の「はじめに」でもふれたとおりである。

また、表5をみてみると、明応九年のときには、鉾は七日の1「ナキナタホコ（長刀鉾）」だけで、そのほかはすべてが山であったことがわかる。また、一四日の笠鷺鉾もそのすがたを消していたことがみてとれよう。

この点については、明応九年の山鉾巡行を実際に目のあたりにした近衛政家の日記『後法興院記』にも、「山廿五、鉾一」（七日条）、「山十のほか鉾なし」（一四日条）と記されていることがわかる。『祇園会山鉾事』の記述の正確さを裏づけるものといえよう。

こののち、七日については、少しずつ山が鉾へと変化（あるいは再興）していったようだが、そのいっぽうで、一四日のほうは、結局、山ばかりになったと考えられる。いずれにしても、以上のようなことをふまえて、本書では、六〇基の山鉾をともなう室町時代の祇園会がもっとも盛大であったと考える次第である。

山鉾の所在地

それでは、あらためて表4をみていくことにしよう。すると、山や鉾ごとにおのおの地

表5　明応九年に再興された山鉾

【明応九年再興分】

式日	記載順	山鉾名	所在地	次第	注記
七日	1	ナキナタホコ	四条東洞院トカラス丸トノ間也	一番	先規よりあい定めおわんぬ
	2	天神山	五条坊門トアヤノ小路間也	二番	
	3	いほしり山	錦小路西洞院ト四条ノ間也	三番	
	4	たい子のそま入山	五条坊門油小路ト高辻ノ間也	四番	
	5	内裏ノ花ヌス人山	五条東洞院トタカクラトノ間也	五番	
	6	花見中将山	四条烏丸トアヤノ小路間也	六番	
	7	タルマ山	四条坊門油小路トニシキノ小路ノ間也	七番	
	8	かつら男山	四条町ト室町ノ間也	八番	
	9	山伏山	四条油小路トニシキノ小路ト間也	九番	コマサライ
	10	伯楽天山	五条坊門トアヤノ小路ノ間也	十番	
	11	まうそう山	四条烏丸トニシキノ小路ノ間也	十一番	
	12	神功皇后山	ニシキノ小路烏丸ト室町ノ間也	十二番	アユツリ
	13	かさはやし	四条油小路ト西洞院間也	十三番	
	14	はうか山	四条町トニシキノ小路間也	十四番	
	15	天神山	ニシキノ小路ト町ノ間也	十五番	トヒムメ
	16	みち作山	四条西洞院ト町間	十六番	
	17	琴ハり山	アヤノ小路町西洞院ノ間也	十七番	

日		山鉾	所在	順番	備考
七日	18	菊水山	ニシキノ小路ト室町四条ノ間也	十八番	
	19	布袋山	四条坊門ト町ト室町ト間也	十九番	
	20	こきやこはやし	あやのこうちト室町間	廿番	
	21	はうか山	ニシキノ小路町ト西洞院ノ間也	廿一番	
	22	山伏ミ子入山	四条坊門室町トニシキノ小路トノ間也	廿二番	
	23	あしかり山	アヤノ小路油小路ト西洞院ノ間也	廿三番	
	24	八幡山	四条油小路トアヤノ小路ノ間也	廿四番	
	25	にわ鳥山	四条室町トアヤノ小路トノ間也	廿五番	
	26	大舟	四条町トアヤノ小路ノ間也	廿七（六）番	先規あい定めおわんぬ、終にこれを渡す
十四日	1	うしわか殿	四条坊門と烏丸との間也	一番	先規より一番なり
	2	八わた山	三条町と六かくの間也	二番	
	3	すゝか山	三条からす丸	三番	
	4	くわんおんふたらく	六かく町と四条坊門之間也	四番	
	5	あしうさうしやうみやう	六かくからすまると室町之間	五番	
	6	大友の黒主	三条室町と六かくの間也	六番	
	7	龍門瀧	六かく室町と四条坊門との間也	七番	
	8	かつら山	四条坊門と油小路之間也	八番	
	9	ゑんの行者	あねか小路室町と三条之間也	九番	
	10	たか山	三条町と室町との間也	十番	

名のような記載がみられることに気がつく。たとえば、「七日」の筆頭をかざる１「長刀ほく（鉾）」のところにみえる「四条東洞院」というのがそれである。この「四条東洞院」とは、四条大路と東洞院大路が交差するところを意味するが、そこに「長刀ほく（鉾）」が所在していたことをあらわしているのだろう。

より具体的にいえば、この「四条東洞院」周辺地域に居住する、あるいは関係する人びとによって「長刀ほく（鉾）」が「経営」され、そして渡された（巡行された）ことを意味する。つまり、これによって「京中鉾」や「下辺の鉾ならびに造山」が、実際には下辺より小規模な地域によって「経営」されていたことがあきらかとなる。

戦国時代、とりわけ一六世紀半ば以降であれば、これらの地域は地縁的な共同体や社会集団としての町（ちょう）（両側町）となろう。しかしながら、室町時代においては、いまだそれらは成立していなかった（仁木宏　二〇一〇）（河内将芳　二〇〇〇）。

それゆえ、「四条東洞院」といった交差点であったり、２「かんこくほく（函谷鉾）」の「四条烏丸と室町間（あいだ）」といった「間」という表現がつかわれることになる。そして、そこに居住し、関係する人びともまた、町人ではなく、地下人などとして史料ではあらわれることになる。

以上のことをふまえたうえで、表４にみえる情報を六月七日と一四日おのおのに分けて地図上におとしてみたのが図３と図４である。もっとも、一四日のほうでは、４「甲ほく（鉾）

所々のくら（倉）役」のように所在地を示す記述ではない場合もみられる。また、21「西行山」などのように記述すらない場合もみられ、それらを地図上におとすことはできなかった。なお、「大とのゐ（舎衛）」と「北はたけ（畠）」は、おのおのの集団をあらわすと同時に地域名もあらわしている。「大とのゐ（舎衛）」は、もともとは「大宿直」と書き、北は正親町小路、南は土御門大路、東は櫛笥小路、西は壬生小路にかこまれた一町の範囲とその周辺と考えられている〔高橋康夫　一九八三〕。また、「北はたけ（畠）」も「相国寺の東、かつて出雲路にあった毘沙門堂の近辺」〔源城政好　二〇〇六〕とされているが、ともに図4よりはるか北方に位置することになる。

そのようにしてみると、「鷹つかさ（司）猪熊近衛と間」の12「ふすま僧山」も同様であり、二条大路より南側のことを下辺とよんだ当時の感覚からすれば、いずれもその範囲をこえた場所といえるだろう。

そういえば、『尺素往来』にみえる「山崎の定鉾」の「山崎」も下辺とはかなりの距離がある京中の外といわざるをえない（もちろん「大山崎住京神人」〈『離宮八幡宮文書』〉もいたが）。さらに、『尺素往来』には、「晩ころには、白河鉾入洛すべきのよし風聞そうろう」とみえ、京外（洛外）である「白河」の「鉾」が「入洛」する「風聞」（うわさ）がたったという。

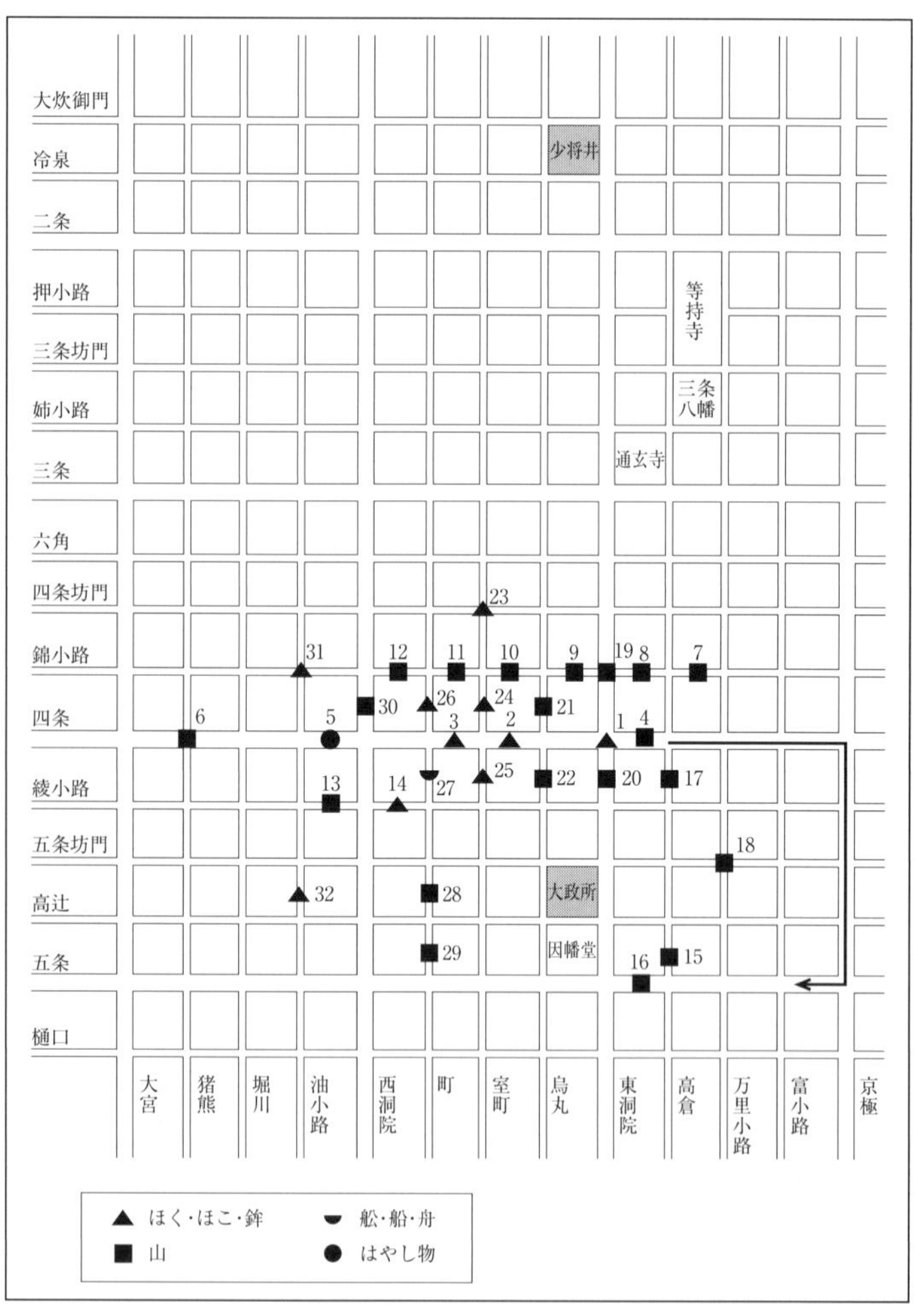

図3 「祇園会山ほくの次第」「応仁乱前分　七日」

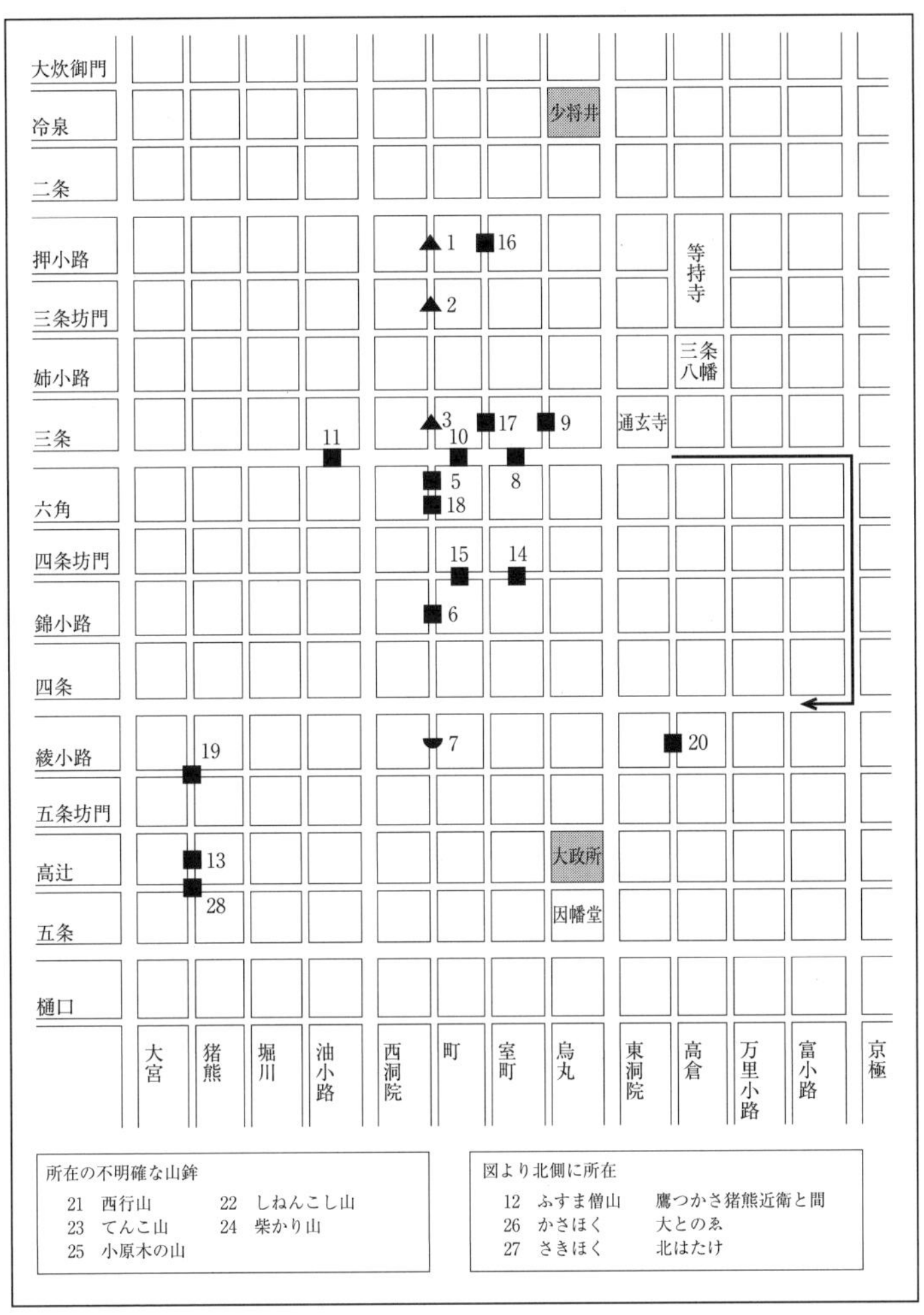

図４ 「祇園会山ほくの次第」「応仁乱前分　十四日」

残念ながら、「白河鉾」については、これ以外に関連する史料を見いだせていないが、いずれにしても、室町時代の山鉾巡行のうち、一四日の山鉾は下辺に限定されないという特徴をそなえていたのかもしれない。

それを裏づけるように、図4をみても、図3のように三条大路から五条大路のあいだに山や鉾がかたまっているようすとは異なり、二条大路から五条大路のあいだをまばらに分布しているようにもみえる。このような違いが何に由来するのかという点についてはさだかではないが、同じ山鉾巡行とはいっても、七日と一四日とのあいだには、かなりの個性がみられたことだけはまちがいないといえよう。

同じ所在地の山鉾

そのようななか、図3と図4をみくらべてみると、図3の17「うかひ（鵜飼）舟山」と図4の20「柳の六しやく山」が所在地（「四条高倉と綾少（小）路間」）として重なっていることに気がつく。

これが事実であれば、ひとつの地域から七日には「うかひ（鵜飼）舟山」、そして一四日には「柳の六しやく山」が出されていたことになる。もっとも、図4では、「三条町と六角間」に5「八幡山」と18「れうもん（龍門）の瀧山」がならびたち、同じ日にひとつの地域からふたつの山が出されていたことになろう。

これらのことを合理的に考えるとすれば、ひとつの地域にかかわる別々の集団がおのおのの山をになうというかたちがあったとみざるをえない。この点からも室町時代の山鉾が、戦国時代の山鉾のように共同体、社会集団としての町と関連してなりたっていたわけではなかったことが知られよう。

いっぽう、図3の27「しんくくわうくう（神功皇后）の舟」と図4の7「しんくくわうく（神功皇后）舟」も所在地（「四条と綾少路間」）が重なっていることに気がつく。ただし、こちらは、同じ「舟」を七日と一四日の両方に出していたと考えられる。

この「舟」こそ、表3にみえる「船」にあたるわけだが、その初見は、中原康富の日記『康富記』応永二九年（一四二二）六月一四日条にみえるつぎのような記事となる。

　桙（鉾）・山・船已下（いか）の風流美をつくし例年のごとく三条大路を渡りおわんぬ、

船（いわゆる船鉾）といえば、一般的な印象としても六月七日の風流と思われることが多い。しかしながら、史料のうえでは、六月一四日が先行していたことがここからはあきらかとなる。

他方、七日の船については、これから二〇年以上たった文安五年（一四四八）が初見となる。中原師郷の日記『師郷記』同年六月七日条につぎのようにみえるからである。

> 四条東洞院において、舩（船）・桙（鉾）などの警固喧嘩出来す、死人・疵をこうむるものらこれありと云々、

ここにみえる「喧嘩」の発端がどのようなものだったのかということまではわからない。ただ、「舩（船）・桙（鉾）などの警固」のものたちが「四条東洞院」で騒動をおこしたという以上、ここにみえる「舩（船）」が七日の風流であることはまちがいないといえよう。

綾小路町四条間の船

このように、あくまで残された史料によるものではあるが、船は七日より先に一四日に登場していたことがあきらかとなる。そして、そのことを念頭に「四条と綾少（小）路間」から同じ「しんくくわうくう（神功皇后）の舟」が出ていたということを考えてみる必要があろう〔河内将芳　二〇一七〕。

すると、『祇園会山鉾事』においても、表4よりまえに書かれている「ほくの次第」という記事のなかにつぎのようなものがみられることに目がとまることになる。

写真12　船（『上杉本洛中洛外図屛風』米沢市上杉博物館所蔵）

一、綾小路町四条間　　大船（船）

一、同南町　これは十四日に渡る　大船（船）

これによれば、「しんくくわうくう（神功皇后）の舟」は「大船」ともよばれたことがわかるが、それ以上に注目されるのは、「綾小路町四条間」の「南町」から「十四日に渡る」船が出ていたという点であろう。

この場合の「南町」とは「綾小路町四条間」の南側を意味する。したがって、「綾小路町四条間」では、南側とかかわりをもつ人びとが一四日に船を出し、そして七日にはその北側とかかわりをもつ人びとが船を出していたことになろう。

七日と一四日の両日に出される船（「大船」）が同じものだったのか、あるいは別々のものだったのかについてはさだかではない。ただ、明応九年（一五〇〇）に再興されたときも表5の26「大舟」に「四条町とアヤ（綾）ノ小路ノ間也」と記されていることからすれば、船は同じものを出していた可能性は高いであろう。

もっとも、先にもみたように、定鉾も久世舞車も、ともに七日と一四日の両日に出ており、同じ風流が両日に出されること自体は、さほどおどろくべきことではないのかもしれない。

ただ、そのいっぽうで、定鉾と久世舞車が表4のなかにみられない理由についてはさだかではない。単に「古老」の記憶に残されていなかったためなのか、あるいは別の理由があったのかについても、それを知る手がかりに欠けているからである。そういう意味では、表4にみられる山鉾は、室町時代の山鉾すべてをあらわしているのではなく、実際にはこれ以上に存在していたと考えるほうがよいのかもしれない。

笠

先にもふれたように、表3をみるかぎり、山鉾のすがたかたちがうかがえるのは船と笠のみであった。そのうち、船についてはふれたので、笠のほうもみておくことにしよう。

そこでまず表3をながめてみると、笠鷺鉾を別とすれば、笠の最初は、応安三年（一三七〇）六月一四日に確認される「毗（毘）沙門堂日照笠（ひでりがさ）」であることが読みとれる。
ただし、この「毗（毘）沙門堂日照笠」については、これ以外の史料で確認することができず、その実態も不明といわざるをえない（毘沙門堂ともかかわりのある北畠によるものだろうか）。したがって、笠の初見は、少しくだって応永二七年（一四二〇）六月一四日の「山・笠など」（『看聞日記』同日条）となろう。

いっぽう、六月七日に笠が登場するのは、表3でもわかるように、一四日の笠からおくれること応永三二年（一四二五）が最初となる。そして、このあとのようすもみていくと、古記録に残されている笠は圧倒的に一四日が多いことが知られよう。

そこでつぎに、表4をみてみると、笠に該当しそうなのは、七日の5「こきやこはやし物」と一四日の26「かさほく（笠鉾）」のふたつであることがわかる。先にもふれたように、26「かさほく（笠鉾）」は、27「さきほく（鷺鉾）」と対になって笠鷺鉾（鵲鉾）として存在していた。

いっぽう、七日の5「こきやこはやし物」とは、福原敏男氏によれば、「「こきやこ」が「コケコッコー」の室町時代における鶏の擬声語であり」、「こきやこ・はやし」は「鶏の造り物の傘鉾の周りで囃す風流囃子物（現在の棒振りの室町時代の姿）」であるという（福原敏男　二〇一九）。

したがって、七日の笠とは、この「こきやこはやし物」と考えられるわけだが、明応九年再興時の表5をみてみると、20「こきやこはやし」の存在は確認できるものの、その所在地は「あやのこうち(綾小路)ト室町間」となっている。いっぽう、室町時代の「こきやこはやし物」が出されていた「四条油小路ト西洞院間」には、13「かさはやし」が出されるようになっていたことが知られる。

このように、七日の笠が戦国時代になって二基に増えた理由についてはさだかではない。ただ、戦国時代の祇園会を描いた『祇園祭礼図屏風』(サントリー美術館所蔵)には「傘の上に鶏」(『祇園会細記』)の笠がみられ、また、同じように戦国時代の祇園会のすがたを伝える『上杉本洛中洛外図屏風』(写真13)には「傘の上」「松」(『祇園会細記』)の笠がみられる〔河内将芳 二〇一五〕。

戦国時代の祇園会においては、七日に二基の笠が出るようになっていたことはうたがいなく、現在の祇園祭にみられる綾傘鉾と四条傘鉾の二基の笠は、これに由来するものといえよう。

四条大路、三条大路を渡る

ところで、山鉾巡行といえば、鬮取(くじとり)によって次第(順番)が決められることでよく知られている。しかしながら、それがはじまったことが確認できるのは、『祇園会山鉾事』に

写真13　長刀鉾・蟷螂山・笠鉾（『上杉本洛中洛外図屏風』米沢市上杉博物館所蔵）

「今度御再興已後（いご）、山鉾次第、町人ら諍論（じょうろん）のあいだ、鬮取次第なり」と記されているように明応九年の再興以後と考えられる。

表5の順番は、じつはそのときの鬮取によるものだが、ただ、七日の1「ナキナタホコ（長刀鉾）」に「先規よりあい定めおわんぬ」とあり、また、26の「大舟」にも「先規あい定めおわんぬ、終にこれを渡す」、さらには一四日の1「うしわか殿（牛若）」に「先規より一番なり」と「先規」（以前からのしきたり）ということばが記されていることがみてとれる。

したがって、「ナキナタホコ（長刀鉾）」と「大舟」「うしわか殿（牛若）」については、室町時代においてもその順番がさだまっていた可能性が考えられる。ただし、そのあいだの順番がどのように決められたのかについてはさだかではない。

また、七日の「ナキナタホコ（長刀鉾）」、一四日の「うしわか殿（牛若）」を先頭にしておのおの山鉾が室町時代にどのような道筋をすすんだのかといった点についても、それをはっきりと記した史料が残されておらず、さだかとはいえない。

そのようななか、『康富記』の応永二六年（一四一九）六月七日条には、「桙（鉾）・山巳下の風流、四条巳下五条にいたる」とみえ、七日の山鉾が「四条」（大路）から「五条」（大路）へと巡行したことがあきらかとなる。

同様に、一四日の山鉾も、『康富記』嘉吉二年（一四四二）六月一四日条に「風流の桙（鉾）・山・笠・船など、先々のごとく三条大路を渡る」とみえるので、「三条大路」を巡行したことが知られよう。

巡行路

もっとも、これだけでは、山鉾がすすむ方向までを知ることはできない。この点、戦国時代ながら、『上杉本洛中洛外図屏風』などをみてみると、長刀鉾をはじめとした山鉾は鴨川西岸付近、四条河原を左にみて南行している（写真13）。

おそらくは室町時代においても、七日の山鉾は、四条大路を西から東へと向かい、京極（東京極）大路を南下したのち、五条大路を東から西へと巡行したと考えられよう。いっぽう、一四日の山鉾も三条大路を同じく西から東へ向かい、京極大路を南下して、おそらくは四条大路を東から西へと巡行したと考えられる。

じつは、このように考えるのも、江戸時代のものながら、『京都御役所向大概覚書』に巡行路がつぎのようにみえることが関係している。

六月七日御出（おい）で、朝五つ半時、四条通東洞院にてそろい、四条東へ、寺町南へ、松原西へ東洞院まで、それより銘々町々へもどり申しそうろう、

六月拾四日、朝五つ半時、三条通東洞院にてそろい、三条東へ、寺町を南へ、四条西へ烏丸まで、それより町々へもどり申しそうろう、

ここに記されている「寺町」は京極大路に該当し、また、「松原」も五条大路と重なる。したがって、室町時代の巡行路とも重なるところが多いように思われるが、もし仮にこの巡行路が室町、そして戦国時代のものと同じであるとすれば、これらの道筋は、昭和三一

年（一九五六）に大きく変更されるまでうけつがれてきたことになろう。

もっとも、巡行路の出発点が、右にみえるように、室町時代においても「四条通東洞院」「三条通東洞院」であったのかどうかまではさだかでない。が、とりあえず、以上を図示すると図3・4や次章でふれる図5の矢印のようになろう。

ちなみに、先の記事によれば、巡行がはじまるのは、「朝五つ半時」（午前八時ごろ）とされている。戦国時代については、宣教師ルイス・フロイスの著作『フロイス日本史』に「午前」に山鉾巡行がおこなわれ、「午後」に神輿渡御がおこなわれたと記されている。したがって、戦国時代と江戸時代とではかわらなかったようにも思われる。

そのいっぽうで、室町時代では、たとえば、「酉の末」（『満済准后日記』応永二三年六月七日条）、「酉の初」（『満済准后日記』永享三年六月一四日条）と酉の刻（午後六時ごろ）に巡行がはじまったとみえる。また、享徳三年（一四五四）六月一四日には、「申の刻以後、雨やむ、この時分に矛（鉾）以下渡るか」（『師郷記』同日条）とみえ、申の刻（午後四時ごろ）以降に巡行したと伝えられている。

室町時代の場合、山鉾巡行がおこなわれた時刻を知る手がかりにとぼしいこともあって、はっきりしたことはいえない。もしかすると戦国時代や江戸時代よりおそい時間帯であったのかもしれない。

ただし、そのような場合でも、「神幸は夜半におよぶ」（『師郷記』享徳三年六月一四日条）とあるように、山鉾巡行がおこなわれたのちに神輿渡御がおこなわれるという順序がかわることはなかったと考えられよう。

『月次祭礼図屛風』（模本）に描かれた祇園会

泉万里氏が、『月次祭礼図屛風』（模本）（東京国立博物館所蔵）に「描かれている祭礼の情景が、意外に古様な様相を呈するものであり、応仁の乱以前の十五世紀前半にまでさかのぼりうるものであることを指摘」（泉万里　二〇一三、二〇一七）して以来、当該図にみられる祇園会のすがたも室町時代のそれをうかがう、ほぼ唯一の絵画史料として注目をあつめてきた。

その『月次祭礼図屛風』（模本）のなかで、祇園会は第五扇と第六扇にわたって大きく描かれているが、ただ、画面のなかには神輿のすがたはみられない。したがって、山鉾巡行のみが描かれていることがわかる（河内将芳　二〇二〇b）（写真14-1・2）。

その画面をみてまず目がひかれるのは、ふたりの人間が鷺の仮装をし、舞っているすがたである。これこそ、笠鷺鉾を構成する鷺舞と考えられ、また、よくみてみると、鷺の頭には小さな笠がかざられていることもわかる。笠と鷺で笠鷺（鵲）をあらわしているのだ

写真14-1　『月次祭礼図屛風』（模本）第五扇（東京国立博物館所蔵）

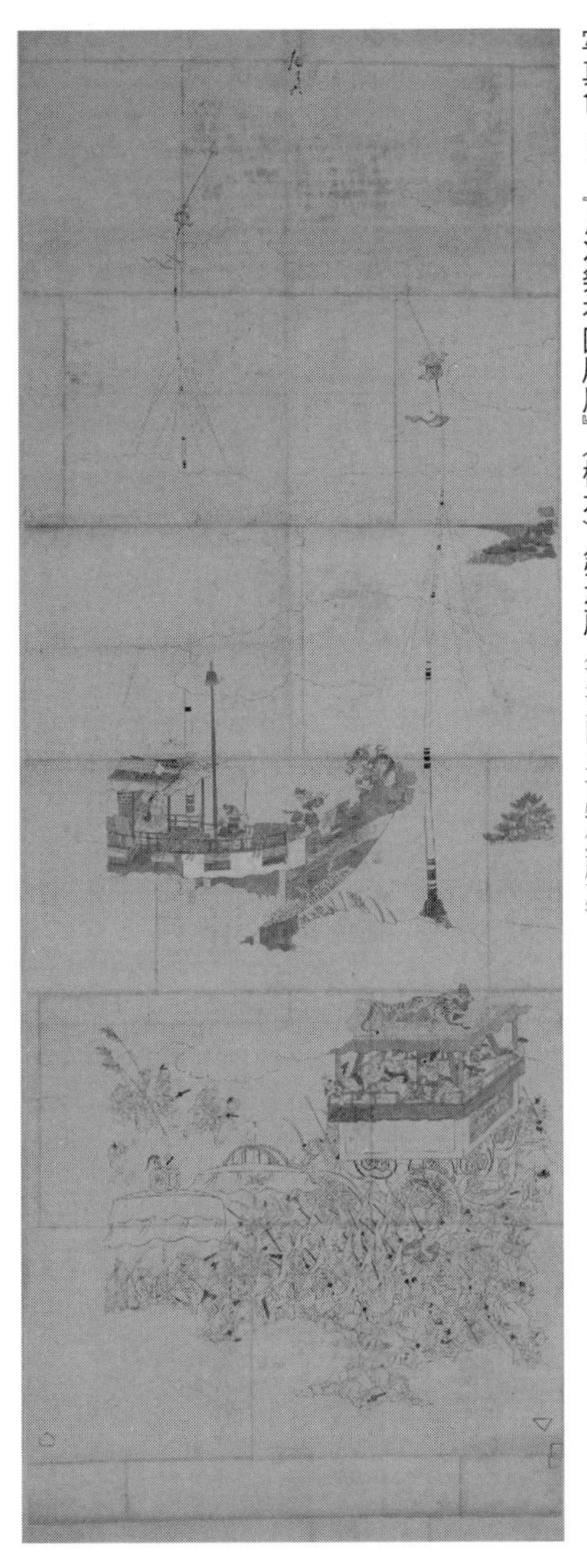

写真14-2 『月次祭礼図屏風』（模本）第六扇（東京国立博物館所蔵）

ろう。

このふたりの鷺舞のうしろには、楽器をもった人びとのすがたもみえるが、鞨鼓（かっこ）と笛を手にする人びとが二人ずつ、鉦鼓（しょうこ）と太鼓も一人ずついることがわかる。また、小鼓を手にする人びとも三人見いだすことができ、おそらくこれらの人びとが北畠の囃子（拍子）衆をあらわしているのであろう。

そのうしろには、二基の笠のすがたもみられ、そのうちのひとつには、小さな笠と鷺が朱色の橋のうえに造物としてかざられていることがみてとれる。この笠が笠鷺鉾と関係する可能性は高いが、それが「かさほく（笠鉾）大とのゑ（舎衛）」を意味するものなのか、あるいは、二基の笠ともに大舎人にかかわるものなのかといった点についてはさだかではない〔植木行宣　二〇一四〕。

いっぽう、先ほどの楽器をもつ人びとと二基の笠のあいだには、太刀と枝を手にして、そろいのとんがり帽子をかぶった特徴ある集団が描かれている。これが大舎人をあらわしているとみることもできるのかもしれないが、北畠の囃子（拍子）衆の一部とみる見解もあり〔植木行宣　二〇一四〕、はっきりしたことはわからない。

二基の笠のとなりにも目をうつしてみると、そこには巨大な鉾とそのまえに「笠鉾型昇山」〔植木行宣　二〇一四〕、そして巨大な鉾のうしろには船と真柱（しんばしら）が描かれていることがみてとれる。このうち、巨大な鉾を放下鉾とみるむきもあるが〔植木行宣　二〇一四〕、鉾頭は放下鉾のそれとは異なり、確定的なことはいえない。また、「笠鉾型昇山」も表4のどの山鉾と対応するのか、あるいはしないのかといった点についてもさだかではない。

したがって、唯一、船だけが表4にみえる七日の27「しんくくわうくうの舟（神功皇后）」か、一四日の7「しんくくわうく舟（神功皇后）」に対応することとなる。ただ、先にもふれたように、いずれも「四条と綾少（小）路間」に所在する以上、戦国時代以降にそのすがたが確認できるようになる七日の船鉾ではないことだけはあきらかといえよう。

残る真柱については、注目すべき見解が示されている。というのも、描かれた天王台のすがたかたちからこれが桂男をあらわしており、したがって、鉾も表4の3「かつら（桂）男ほく」ではないかと考えられているからである〔福原敏男　二〇一三〕〔泉万里　二〇一四〕。これがもしただしければ、六月七日に巡行する鉾が描かれていることになろう。

乗牛風流

さて、これらの風流の先頭に描かれているのが、牛に乗る仮装した人物の風流として知られる、いわゆる乗牛風流である（写真14-1）。ただし、表4にその名がみられないことからもわかるように、その存在は山や鉾とは趣を異にすると考えられる。

この乗牛風流にかかわる史料としてつとに知られてきたのは、戦国時代のものながら、三条西実隆の日記『実隆公記』文亀元年（一五〇一）六月一四日条にみえる「祇園会、人びとまた今日群をなすか、乗牛者北畠拍子近所徘徊す、一見人びと頤を解くなり」という記事である。

ただし、この記事も注意深くみてみると、実隆屋敷の「近所」を「乗牛者」が「徘徊」したとあり、山鉾が巡行する下京ではなく、上京を「徘徊」し、しかも、その動きは「徘徊」と称されるように、巡行のような一定の道筋ではなかったことも読みとれる。

したがって、これだけでは「乗牛者」と祇園会とのあいだにどのようなかかわりがあったのかについては不明といわざるをえない。ただ、同じ「乗牛者」のすがたを伝える、山科言国の日記『言国卿記』文亀元年六月一四日条には、「ウシノ、リの後、山渡る」とみえ、ここから六月一四日の「山」が「ウシノ、リ」の「後」に巡行したことが読みとれよう。

『実隆公記』には「乗牛者」と書かれていたものが、『言国卿記』では「ウシノ、リ」と書かれており、文亀元年時点では、「牛の乗り」、あるいは、「牛の乗り者」とよばれていたことが知られる。

また、「ウシノ、リ」が「山」をあたかも先導するかのような役目をになっていたこともあきらかとなり、『月次祭礼図屛風』（模本）に描かれるすがたは、まさにそのようすを伝えるものとみられよう。

牛背

ところで、『実隆公記』の記事も、『言国卿記』の記事も、ともに明応九年（一五〇〇）の再興以降のものとなるが、じつは室町時代においても、万里小路時房の日記『建内記』嘉吉三年（一四四三）六月一四日条に「申の刻、毗（毘）沙門堂鷺舞牛背に扈（つきしたが）い、蓬門（ほうもん）を渡り下り過ぐ、いささか伺い見おわんぬ」という記事を見いだすことができる〔河内将芳　二〇一二〕。

これによれば、「牛背」には「毗（毘）沙門堂鷺舞」が「扈」っており、それが時房屋敷の「蓬門」を「渡り下り過」ぎたという。もっとも、この「牛背」なるものが、『月次祭礼図屛風』（模本）にみえるような仮装した人物を意味するのかどうかまではさだかではない。

ただ、ここにみえる「毗（毘）沙門堂鷺舞」の「毗（毘）沙門堂」が『後愚昧記』応安二年（一三六九）一一月一一日条にみえる「毘沙門堂北畠」を意味し、そして、その「鷺舞」が『看聞日記』にみえる「北畠笠鷺鉾」である以上、「牛背」が『実隆公記』のいう「乗牛者北畠拍子」ときわめて近い存在であった可能性は高いといえよう。

ここから、乗牛風流は、すでに泉万里氏が推測しているように、応仁・文明の乱以前にも存在していたと考えられる（泉万里　二〇一三）わけだが、それ以上に注目されるのは、『月次祭礼図屛風』（模本）をまるで写すかのようにして、『建内記』の記事は、「牛背」に「毗（毘）沙門堂鷺舞」が「扈」うようすを伝えている点である。「牛背」と「毗（毘）沙門堂鷺舞」とのあいだにも密接な関係があったと考えられよう（河内将芳　二〇一二）。

先にもふれたように、戦国時代以降、笠鷺鉾はそのすがたを消すことになるが、仮に文亀元年時点で笠鷺鉾も再興されていたとすれば、乗牛風流（「乗牛者」「ウシノ、リ」）のあとをすすむすがたがみられたのかもしれない。

ちなみに、乗牛風流については、いずれの古記録も六月一四日条にそのすがたを書きとどめている。したがって、乗牛風流もまた、笠鷺鉾同様、六月一四日にのみ登場する存在であった可能性は高いであろう。

室町時代の風流と山鉾巡行

戦国時代のある時期以降、山鉾巡行は、「七日山鉾」（『二水記』大永二年六月二七日条）「十四日山々」（同上）とよばれるようになる。それは、六月七日と一四日のあいだで山鉾がふたつのまとまりに分かれ、さだまった道筋をおのおのが巡行するようになっていったことも意味しよう。

それに対して、室町時代においては、定鉾や久世舞車、あるいは船など、七日と一四日の両日に出されるものがみられるいっぽう、笠鷺鉾や乗牛風流など、一四日のみに出される風流の存在も確認できる。

ここからは、風流や山鉾がある程度のまとまりに分かれつつあったことがうかがえる。と同時に、笠鷺鉾や乗牛風流、あるいは定鉾や久世舞車については、室町殿の御所や内裏・仙洞といった公家屋敷へ参入、徘徊するなど、ほかの山鉾がたどるような巡行路とはまた別の動きをみせていたことも確認できる。

このように、戦国時代以降のありかたとくらべたとき、室町時代の風流と山鉾巡行には、かなりの個性と多様さがみられるわけだが、おそらくそれは、風流や山鉾をになう人びとが、地縁的な共同体であり、社会集団である町に基礎をおく戦国時代のありかたとは趣を異にするということと無縁ではないであろう。一見すると同じようにみえる祇園会の風流や山鉾にも、室町時代と戦国時代のあいだには大きな溝があったということをあらためて認識する必要がある。

第三章　祇園祭と室町時代の武家・公家

1　武家の祇園会見物

足利尊氏の祇園会見物

かつて戦国時代の祇園会（祇園祭）は、権力に抵抗する「町衆（まちしゅう）」の祭とみられていた〔林屋辰三郎　一九五三〕。いや、現在でもなお、そのように語られることも少なくないかもしれない。ここでいう権力とは、具体的には室町幕府のことを指しているが、その幕府は、祭礼の実施に待ったをかける存在であり、その圧力にさからって「町衆」がおこなったのが山鉾巡行にほかならないというのである。

とりわけ気になるのは、山鉾をになう「地下人」や「町人」ら〔植木行宣　二〇一九〕を権力に抵抗する「町衆」ととらえる点である。幕府と「町衆」を相容れないものととらえ、それらがはじめから対立するという、このようなみかたは、戦後まもない時代の歴史学の影響をうけたものと考えられる〔河内将芳　二〇〇七〕〔田中聡　二〇一〇〕。

日本が第二次世界大戦の敗戦から独立にむかう時代の要請にこたえようとしたものとしては、このようなみかたもそれなりの評価はできるであろう。しかしながら、あらためて冷静に同時代の史料や歴史的事実を重ねあわせてみると、けっしてそうとはいえないことがあきらかとなってくる。なにより、戦国時代においては、式日どおりに山鉾巡行がおこなわれることをのぞんでいたのが、室町幕府にほかならなかったことをいずれの史料も指し示しているからである〔河内将芳　二〇〇六、二〇〇七、二〇一二〕。

それでは、応仁・文明の乱よりまえの室町時代ではどうだったのだろうか。本章では、そのことを見物というできごとに注目しつつ、みていくことにしよう。ここでいう見物とは、具体的には室町幕府の長である将軍や室町殿（足利家の家督）が桟敷を構えて祇園会を見物することを意味するが、その初代である足利尊氏については、今のところ、つぎの史料しか残されていない。

将軍（足利尊氏）・羽林（足利義詮）所望のあいだ、祇園会桟敷用意す、御台（平登子）同じく入御す、三条烏丸南頬なり、
面七間これを打つ、

右は、『賢俊僧正日記』文和四年（一三五五）六月一四日条の記事である。これによれば、ときの「将軍」（征夷大将軍足利尊氏）と「羽林」（左近衛中将足利義詮）ふたりの「所望」によって、日記の記主である醍醐寺座主賢俊が「面七間」（およそ一五メートル）におよぶ「祇園会桟敷」を「三条烏丸南頬」に「用意」し、その桟敷には、「御台」（尊氏の妻にして義詮の母である平登子）も「入」ったことがわかる。

桟敷が「三条烏丸南頬」に構えられたのは、六月一四日に三条大路を風流が渡り、神輿も渡御するからであろう。もっとも、このとき尊氏らが何を見物したのかという点についてはわからない。ただ、第一章でもふれたように、神輿渡御は、見物というより拝する対象であったことを考えれば、尊氏たちが見物したものとは、風流であった可能性は高いであろう。

足利義詮の祇園会見物

尊氏の跡を継いだ二代足利義詮についても手がかりは少ないが、そのようななか、つぎのような興味深い史料を見いだすことができる。

今日大樹（足利義詮）見物せらると云々、土岐宮内少輔（直氏）侍所桟敷を構うと云々、妾物産所へ細々渡

らると云々、触穢人なり、見物しかるべからざるか、

これは、中原師守の日記『師守記』貞治三年（一三六四）六月七日条にみえるものである。ここでもまた、「大樹」義詮が「侍所」頭人であった「土岐宮内少輔」直氏の構えた桟敷において祇園会を見物したことが読みとれる。

尊氏のときもそうであったが、桟敷は見物する本人が構えるのではなく、「所望」したり、あるいは、今回の直氏のように臣下にあたるものが構えることが常となっていた。実際、義詮の場合でも、右のほか、貞治三年六月一四日には、「執事」の斯波義将が「三条烏丸」に桟敷を構え（『師守記』同日条）、また、貞治六年（一三六七）六月一四日にも、「粟飯原弾正左衛門」詮胤が「三条東洞院と高倉間南頬」にあったみずからの「宿所」に桟敷を構えたことが確認できる（『師守記』同日条）。

このようなかたちは、三代義満以降にもひきつがれていくが、それはのちにみるとして、右の史料で興味深いのは、義詮が「妾物産所」へ「細々」「渡」った「触穢人」であり、それゆえ、「見物しかるべからざるか」との理解を師守が示していた点であろう。

ここにみえる「妾物」とは、三代義満の生母である「通清法印息女」を指す。そして、その女性が五月二九日に「産所四条坊門朱雀中条兵庫入道宿所」において、「男子」

（義満の弟、のちの満詮）を「平産」（『師守記』同日条）したばかりであったため、右のようなことが書かれたのであった。

見物と触穢

ここからは、師守も属する公家社会の理解として、いわゆる産穢にかかわるものが祇園会を見物してはならないという禁忌のあったことがわかる。実際、師守自身が「妊者」（妊婦）の「夫」であったときには、「恐れあるにより遙拝におよばず」とその日記『師守記』貞治六年（一三六七）六月一四日条に記している〔河内将芳 二〇一四〕。

もっとも、義詮も産穢を含む触穢に無関心であったというわけではけっしてなかった。たとえば、『師守記』貞治四年（一三六五）六月七日条には、「今日祭礼大名ら見物におよばずと云々、大樹（足利義詮）喪籠によるなり」とみえ、同年五月四日に亡くなった母の喪に服して義詮が祇園会を見物しなかったために「大名ら」の見物もなかったと伝えられている。

また、『師守記』貞治六年六月七日条にも、「今日大樹（足利義詮）見物せられずと云々、若関東兵衛督（足利基氏）のこと近々のあいだ、斟酌せらるか」とみえ、同年四月二六日に弟の「関東兵衛督」（足利基氏）が亡くなったことを「斟酌」して、義詮は祇園会を見物しなかったという。いわゆる死穢については、義詮も多分に意識していたことがうかがえよう。

ただし、それも代を重ねるにしたがって変化していったと考えられる。たとえば、中原師郷の日記『師郷記』永享一二年（一四四〇）六月七日条をみてみると、「室町殿触穢」であったにもかかわらず、「京極」氏の宿所にあった桟敷に「室町殿」が「渡御」し、「例のごとく」「御見物」したと記されているからである。

ここにみえる「室町殿」とは、義詮のひ孫にあたる六代義教であり、また、「触穢」とは、およそ半月前の五月一四日に「一色修理大夫義貫」が「大和陣」において義教の命により「生涯」（殺害）（『斎藤基恒日記』同日条）された事件を発端にしておこった「数十人あるいは討死、あるいは切腹」（『斎藤基恒日記』同月一六日条）騒動に由来する。

この「触穢」により宮中神事である「月次・神今食」は「延引」（『師郷記』六月一一日条）となったが、それとは対照的に義教が祇園会見物にのぞんでいたという事実からは、祇園会見物と触穢との関係がしだいに希薄になっていったようすがうかがえよう。

その背景には、室町将軍や室町殿による見物の対象が、風流や山鉾にしぼられていくようになったこともあったと考えられる。そして、その契機は、義詮の息子にして、義教の父、三代義満の時代にあった。

足利義満の祇園会見物

その義満が祇園会を見物したことが最初に確認できるのは、今のところ応安七年（一三七四）のことになる。このとき、義満は七日と一四日の両日にわたって見物をしていたことが知られるが（『後愚昧記』同日条）、その後も永和二年（一三七六）（『後愚昧記』）、康暦二年（一三八〇）（『迎陽記』）と両日見物していたことがわかる。おそらくこれは、父義詮が貞治三年六月七日・一四日の両日見物したことを踏襲したものであろう。

そのようなかたちに大きな変化がみられるようになるのは、義満が将軍職を息子の義持にゆずり、みずからの御所を室町殿（花御所）から北山殿に移した応永四年（一三九七）以降となる。

東坊城秀長の日記『迎陽記』応永六年（一三九九）六月七日条をみてみると、「御見物のため、室町殿（足利義満）、京極大膳大夫入道（高光）宿所に渡御す」とあり、義満が祇園会見物のために北山殿から京極高光の宿所へと「渡御」したことが確認できるからである（図1参照）。

これが、今のところ、義満による「祇園会御成」の初見となるが、興味深いのは、それから七日後の一四日のときにもつぎのようなことがおこったと、同じく『迎陽記』六月一四日条が伝えている点であろう。

室町殿（足利義満）、京極入道（高光）桟敷に御出（おい）で、三条風流たりといえども、四条大路より参るべきのよし触れられおわんぬ、山鉾以下結構し、先日の風流を超過し美を尽くす、

これによれば、義満はこの日も七日前と同じように四条大路の「京極入道（高光）桟敷」に「御出で」したことがわかる。しかしながら、一四日の山鉾は三条大路を巡行するので、「京極入道（高光）桟敷」では見物することができない。そこでこのときは三条大路ではなく、「四条大路」を巡行するようにと「触れられ」たため、「山鉾」も「先日の風流」を「超過」するほどの「美」を「尽く」して巡行したという。

室町殿（足利家の家督）の祇園会見物

一見すると義満の強引なふるまいばかりが目につくように思われるが、この年が特別な意味をもっていたことは、このあとをみていけばあきらかとなる。というのも、応永一二年（一四〇五）六月一四日にも「祇薗（園）会、御桟敷は京極佐々木、例にまかせ用意せしむ」（『教言卿記（のりときききょうき）』同日条）とみえ、また、応永一四年六月七日にも「御桟敷、京極佐々木、先規にまかせ、用意なり」（『教言卿記』同日条）とみえるなど、京極高光のみが桟敷を「用意」するようになっていくことが知られるからである。

これ以前、義満のために桟敷を用意していたのが、「治部少輔高秀(京極)」（『後愚昧記』応安七年六月七日条）、「山名(師義)」（『後愚昧記』同年六月一四日条）、「賀州守護富樫介(昌家)」（『後愚昧記』永和四年六月七日条）、「管領左衛門佐(斯波義将)」（『迎陽記』康暦二年六月七日条）、「土岐大膳大夫入道善忠(頼康)」（『迎陽記』同年六月一四日条）といったように、一定していなかったことをふまえるなら、その差は歴然である。

このうち、応永一二年六月一四日のときも応永六年と同じように一四日の山鉾が三条大路ではなく四条大路を巡行させられたのかどうかまではさだかではないが、このころには義満が北山殿から遠路はるばる京極宿所へと御成し、七日と一四日の両日ともに京極高光の用意した桟敷で祇園会を見物するというかたちが成立していたことはまちがいないといえよう。

このように義満が京極宿所に御成するようになったという事実については、すでに二木謙一氏も注目している。また、二木氏は、それが京極宿所であった理由として、京極氏や延暦寺、あるいは祇園社との関係などがその背景にあったと推測している〔二木謙一　一九八五〕。

ただ、そのこと以上に重要と思われるのは、これらが義満の北山殿移徙(いし)以降にして、祇園会を構成する祭事のうち神輿渡御を経済的にささえるため創設された馬上一衆・合力神人制が確認できる応永四年（一三九七）以降にみられるという点であろう〔瀬田勝哉　二〇〇九〕〔河内将芳　二〇〇六〕。

祇園会をとりまく環境のみならず、義満をとりまく環境もまた、安定をみせた時期と重なるからだが、このようにしてみたときうきぼりとなってくるのは、現職の将軍である四代義持のすがたがまったくみられないという事実である。

ここからもうかがえるように、祇園会と室町幕府との関係をみるにあたっては、将軍との関係だけではなく、足利家の家督としての室町殿との関係もおさえておく必要がある。むしろ室町殿（義満の場合、北山殿でもある）であることのほうに重きがおかれるようになったと考えられるわけだが、そのさい気にかかるのが、「ただ最小桙(鉾)一これあり、室町殿(足利義満)御出でなきによるなり」（『康富記』応永八年六月七日条）、「鉾風流なし、北山殿(足利義満)御見物なきのゆえか」（『吉田家日次記(よしだけひなみき)』応永九年六月七日条）といった記事の存在であろう。

室町殿（北山殿）義満の見物がなかったために「最小桙(鉾)一」であったり、また、「鉾風流なし」と伝えられており、義満と山鉾巡行とのあいだに深いむすびつきが想定される〔三枝暁子　二〇一一〕からである。

その背景には、第二章でもふれたように、応安三年（一三七〇）ころからおよそ一〇年間にわたって神輿渡御が停止に追いこまれるなか、義満が山鉾巡行を見物しつづけたこともかかわりがあると考えられる。

ただ、これよりのちのことではあるが、義持のころには、「室町殿（足利義持）御見物なし」「桙（鉾）山已下風流言語道断に美を尽くす」（『康富記』応永二九年六月七日条）といった記事がみえることなどからすれば、山鉾の有無については、室町殿との関係というよりむしろ義満個人との関係のほうが強かったとみるのが自然ではないだろうか。

足利義持の祇園会見物

その義満が応永一五年（一四〇八）五月に亡くなり、四代将軍義持が足利家の家督として室町殿も兼ねると、義満のときにみられたかたちにも変化がおとずれることになる。

というのも、今のところ、義持による祇園会見物の初見とみられる、醍醐寺三宝院門跡満済の日記『満済准后日記』応永二一年（一四一四）六月一四日条に「公方様（足利義持）、管領亭（細川満元）に渡御す、祇園会御見物のため、近年の儀なり」と記されて以降、その見物は一四日に限定されるようになるからである。しかも、義持の御所である三条坊門殿から「渡御」するのは、京極宿所ではなく、細川宿所へと限定されることになる。

当初は細川満元（みつもと）が管領であったため、御成先は「管領亭」と記されている。しかしながら、これはときの管領宿所へ御成したという意味ではないだろう。諸記録をながめてみる

写真15　足利義持（東京大学史料編纂所所蔵模写）

と、「右京大夫亭に渡御す、恒年の儀なり」（『満済准后日記』応永三〇年六月一四日条）、「右京大夫亭において御見物、恒年のごとし」（『満済准后日記』応永三一年六月一四日条）、「例年のごとく右京大夫亭へ渡御」（『満済准后日記』応永三二年六月一四日条）、「前管領宿所に渡御す」（『兼宣公記』応永三三年六月一四日条）とあるように、代々右京大夫に任じられる細川宗家の宿所への「渡御」が目的であったことはあきらかといえるからである。

このような変化について二木謙一氏は、「義満と義持の側近、周辺の人的な変化によるものであり、管領細川満元がこれを参勤したことが、いつしか慣例となり、管領職更迭が行われた後も、従前通り、細川邸へ御成が行われたとみて差支えあるまい」〔二木謙一　一九八五〕とみている。

二木氏の場合、義満による京極宿所への御成も、また、義持による細川宿所への御成も、「周辺の人的構成の変化」にその理由をもとめている。しかしながら、七日の見物をかたくなにおこなわず、しかも桟敷の用意すら京極氏に

写真16　描かれた桟敷（『大日本古記録　二水記』）

させないという義持の姿勢からは、むしろ義満に対する意識というものを読みとったほうが自然であろう。「周辺の人的構成の変化」と同等、あるいはそれ以上に、義持自身の意向が強かったのではないだろうか。

　このこととかかわって注目されるのは、中原康富の日記『康富記』応永二九年（一四二二）六月一四日条に「細川京兆（満元）屋形において御見物あり」とみえ、また『花営三代記』応永三二年（一四二五）六月一四日条にも「細川右京大夫（満元）入道亭御桟敷へ成る、佳例なり、三条富小路なり」とあるように、細川宿所（「屋形」「亭」）と桟敷とが一体化していたという事実である。

　残念ながら、桟敷がどのように構えられていたのかということまではわからないが、のちに細川宿所が上京へ引き移されたさい、「御桟敷壊却」（『建内記』永享一一年六月一四日条）されたことからも、細川宿所への御成と見物とがイコールであったと考えられよう。

　いっぽう、義持と京極氏との関係もまた、悪くなってしまったわけではないことには注意が必要である。二木氏があきらかにしているように、義持期に成立したとされる幕府年中行事としての正月の御成や椀飯（おうばん）においては、京極氏との関係がしっかりと位置づけられているからである〔二木謙一　一九八五〕。

したがって、義持が一四日だけに細川宿所へ御成・見物するようになったのは、京極宿所への御成や見物をさけたというより、むしろ七日の見物そのものをさけたとみたほうがよいだろう。やはり父義満との違いを意識していたというのがもっとも自然な理由のように思われる。

足利義教の祇園会見物

ところで、五代足利義量（よしかず）が将軍となった応永三〇年（一四二三）に父義持は出家する（『公卿補任』）。しかしながら、ひきつづき義持が足利家の家督をにぎり、室町殿でありつづけたことは、応永三〇年から三三年（一四二六）にいたるまで、みずからが祇園会見物にのぞんでいたことからもあきらかとなる。

そのうち、応永三〇年六月一四日には、「室町殿・将軍見物せらる」（『看聞日記』同日条）とあるように、「将軍」義量も、父「室町殿」義持とともに祇園会を見物している。

しかしながら、出家した義持がなお「室町殿」とよばれていることからもあきらかなように、また、これからわずか二年たらずで義量が亡くなってしまったことでもわかるよう

写真17　足利義教（東京大学史料編纂所所蔵模写）

に、結局のところ、五代義量が室町殿として祇園会を見物することはなかった。

それから二年あまりのちの応永三五年（正長元年、一四二八）に義持が亡くなり、急遽足利家の家督となった弟の義教は、その年から永享三年（一四三一）にいたるまで、六月七日には京極宿所、一四日には細川宿所へ御成し祇園会を見物したことが、『満済准后日記』などから読みとれる。

正長元年段階では、義教は青蓮院門跡から還俗してまもなく、将軍にも任官されていない。しかしながら、すでに諸記録に「室町殿」と記されていることからもわかるように、文字どおり室町殿として祇園会にのぞんでいたことはあきらかといえる。

また、そのかたちは、父義満・兄義持がおこなっていた御成・見物を合わせたようになっているところにも特徴がみられる。こと祇園会に関していうなら、この段階では、義教は父と兄の先例を両方とも引き継ぐ意志を示していたといえよう。

ところが、それも永享四年（一四三二）を境に変化をとげることになる。というのも、こののち、嘉吉元年（一四四一）に暗殺されるまで義教は、いっさい一四日の御成・見物をおこなわず、七日の京極宿所への御成・見物のみをおこなうようになるからである。

なぜそのようになったのか、この点について万里小路時房はその日記『建内記』永享一一年（一四三九）六月一四日条につぎのように記している。

上御第に御移徙の後、多年におよぶ、今日の御見物なし、細川宿所上在所に引き渡す、よって御桟敷壊却のゆえか、京極宿所においては、初めのごとく下にあり、よって御桟敷もとのごとくそのわずらいなし、当年七日御見物なり、

ここから読みとれる時房の理解とは、つぎのようなものである。永享三年一二月に「上御第」（室町殿）へ義教が移徙して以降、年月がたってしまったので一四日の見物はなくなった。あるいは、「細川宿所」が「上在所」（上京）へ移され、桟敷も壊されたためだろうか。それに対して、「京極宿所」は今なお「下」（下京）にあって桟敷もそのままなので見物があるのだ、と。

この時房の理解は、おおよそ的を射ていると思われるが、それとともに、七日の京極宿

所への御成・見物が、兄義持がおこなっていた一四日の細川宿所への御成・見物を意識し、そして、その義持がさけた父義満の先例に近づくものであったことにも注意しなければならないだろう。

こうしてみるとわかるように、「六代将軍義教の永享年間には」、「七日と十四日の両日に御成をおこなうようになり、七日の神輿迎の日は京極邸、十四日の御霊会・還幸祭には細川邸へ御成」することが「幕府の年中行事として定例化」したという二木謙一氏の指摘〔二木謙一　一九八五〕は、事実として修正する必要がある。

また、桜井英治氏や石原比伊呂氏が、「義教以降の将軍の準拠先例」は「先代の忌避と先々代への回帰という共通項を持つ」〔桜井英治　二〇〇九〕〔石原比伊呂　二〇一五〕とのべていることをふまえるなら、祇園会の御成・見物についてもまた、義教は先代の義持の先例をさけ、先々代の義満の先例に準拠したとみることもできよう。

祇園会見物をしなかった足利義勝

そのようにしてみると、義教暗殺後に後嗣（こうし）となったその子七代義勝（よしかつ）が、嘉吉三年（一四四三）六月七日の祇園会を「室町殿（足利義勝）見物なし」（『建内記』同日条）と伝えられているのも、「先代の忌避」とみることができるのかもしれない。もっとも、義勝はそのわずかひと月後の七月二一日に「十」（『公卿補任』）歳で亡くなってしまうので、義勝の意向がどれだけ反映されていたのかという点についてはさだかではない。

また、その義勝の急逝をうけ、弟義政が足利家の家督をつぐことになったのは、嘉吉三年（一四四三）七月のことだが、それから文安六年（宝徳元年、一四四九）四月に将軍に任官されるまでには数年のブランクがみられる。

これは、嘉吉三年段階で義政がわずか「八」（『公卿補任』）歳であったことも影響しているのだろう。そのことと関係あるのかどうかはわからないものの、祇園会見物についても、文安元年（一四四四）六月一四日の『建内記』につぎのような記事を見いだすことができる。

祇園会なり、山・笠已下例のごとしと云々、武家（足利義政）、景雲院殿（足利義勝）御代より御見物なきなり、

義政の兄義勝（「景雲院殿」）が室町殿としても、また将軍としてもその地位にあったのは、嘉吉二年（一四四二）一一月一七日に元服と将軍宣下が同日におこなわれたこともあり（『管見記』同日条）、わずか半年あまりしかない。そのあいだに祇園会は嘉吉三年の一度だけめぐってきたが、その年の六月七日の見物はなかった。

一四日についてては、史料がなくさだかではないが、右の記事からは一四日の見物もなかったことがわかる。つまり七代義勝は一度として祇園会の見物をしなかったことがあきらかとなろう。

このことと関係するのかどうかこれもわからないが、右の記事によれば、このとき「武家」義政の見物もなかったことが読みとれる。ただ、それでも「山笠已下」が巡行したということなので、基本的には室町殿による見物の有無と山鉾巡行とは無関係だったことがうきぼりとなろう。義満の事例はやはり特別なことであったのかもしれない。

足利義政の祇園会見物

先にもふれたように、義政がもし義教のように「先代の忌避と先々代への回帰」を実行するのなら、先々代にあたる父義教の先例に準拠して六月七日に京極宿所へ御成・見物すると予想される。

ところが、その予想はまったくはずれ、文安元年（一四四四）から数年にわたるブランクののち、これまでにはみられなかったようなかたちで義政は祇園会を見物することになる。そのことを『師郷記』宝徳三年（一四五一）六月一四日条はつぎのように伝えている。

> 今日祇園御霊会桙（鉾）山以下、室町殿（足利義政）に参るべきのよし仰せらるのあいだ、万里小路を北行、鷹司を□（西）行、高倉を北行、仙洞（貞成）の御前ならびに内裏（後花園天皇）の東を通せしむ、これ内々御見物のためか、室町殿、四足（よつあし）北に御桟敷を構えられ御見物すと云々、

六月一四日のことなので、右の「桙（鉾）山」とは、三条大路を巡行する一四日の山鉾を意味する。ところが、その山鉾が「万里小路」を北へすすみ、「鷹司」小路を西にすすんだのち、「高倉」小路を北へすすんだことがわかる。

写真18　足利義政（東京大学史料編纂所所蔵模写）

ここまで北上し高倉小路をすすめば、「内裏」（後花園（ごはなぞの）天皇の御所）と「仙洞」（天皇の父貞成の御所）のあいだ〔川上貢　一九六七〕をすすむことになるわけだが、山鉾はさらに北へとすすみ、この時期の義政御所であった烏丸殿の「四足」門の前を通り、それを「室町殿」義政が桟敷を構えて見物したことがあきらかとなる（図5参照）。

このとき一四日の山鉾が、通常の巡行をおえ

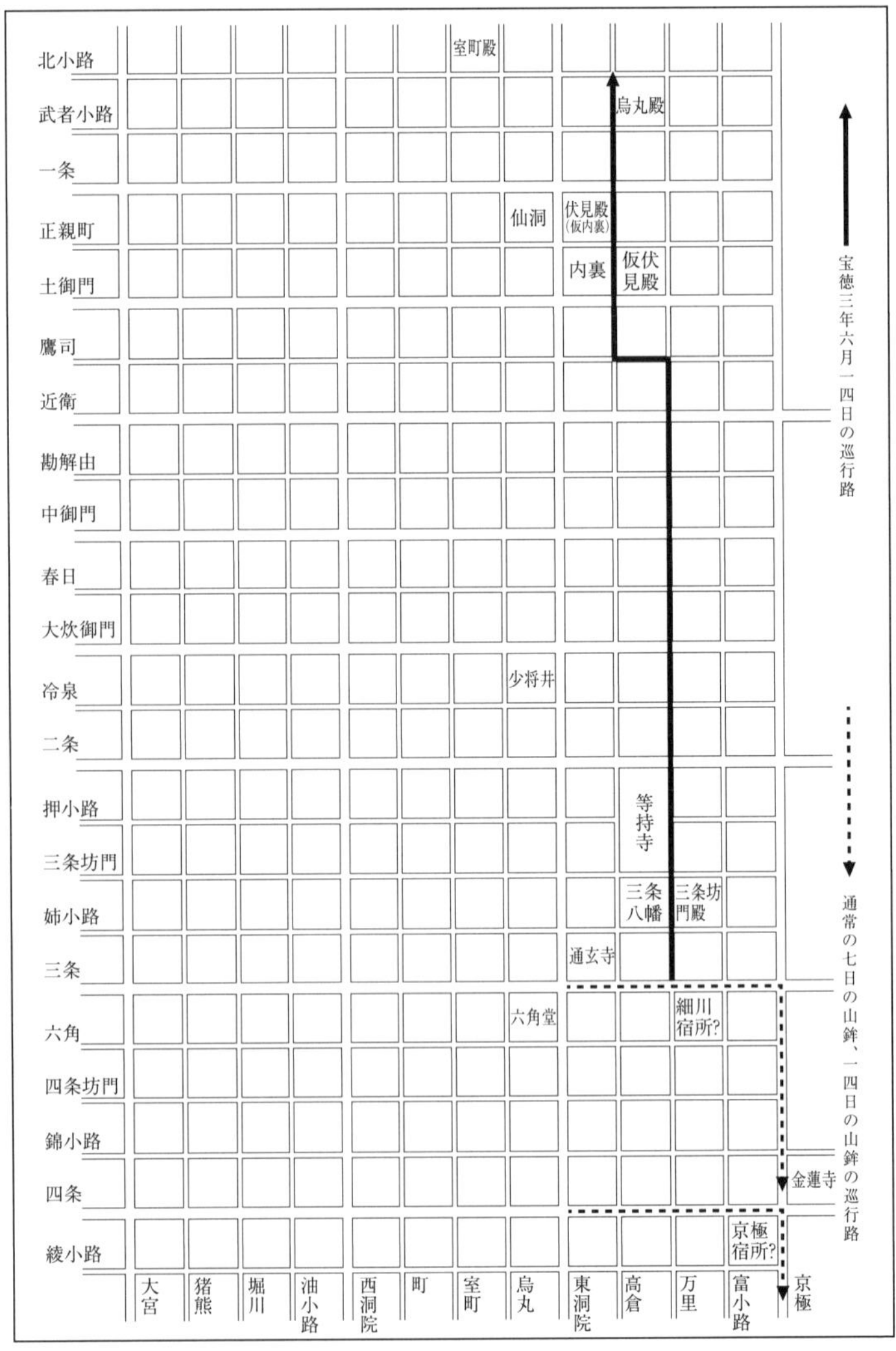

図5　宝徳3年6月14日の山鉾巡行路

たのちに万里小路を北行したのかどうかについてはわからない。ただ、仮に通常の巡行をおえたのちだったとしても、下京をはなれ、上京まで達したということだけでもおどろきに値しよう。そして、その目的とは、いうまでもなく将軍御所までたどりつくことであり、そこで桟敷を構える義政の見物に供することにほかならなかった。

右の史料からも読みとれるように、このとき山鉾は同時に内裏や仙洞でも見物されることになったが、この点については次節でみるとして、義政の見物のありかたがこれまでとはまったく異なるものであったことはあきらかである。みずからの御所の西側、四足門の北に桟敷を構え、したがって御成することもなく、しかも山鉾を北上させ、桟敷の前を巡行させているからである。

しかも、同じようなことは、二年後の享徳二年（一四五三）にもみることができる。同じく『師郷記』享徳二年六月七日条にはつぎのように記されている。

祇園御輿（神）迎なり、風流桙（鉾）山みな室町殿（足利義政）に参る、十四日分大略今日沙汰すと云々、（中略）風流内裏（後花園天皇）東・仙洞（貞成）御前など渡るのあいだ、内々御見物か、

ここでもまた「風流桙（鉾）山」が義政の御所へ参上したことがわかるが、この日は六月七日

なので七日の山鉾だけが参上したのかと思うと、そうではなく「十四日分」(一四日の山鉾)も「大略」参上したという。

実際、『師郷記』六月一四日条をみてみると、「去る七日風流残り分これあり」とあり、逆に一四日には一四日の山鉾が巡行せず、七日の山鉾のうち、将軍御所へ参上しなかった「残り分」だけが巡行したことがわかる。

もしこれが事実であったのなら、宝徳三年六月一四日と享徳二年六月七日には、山鉾は通常の道筋を巡行しないばかりか、将軍御所に参上することだけを目的に巡行していた可能性も浮上する。

山鉾巡行のありかたにおいても異例な部類に入るわけだが、それ以上に室町殿による御成・見物という点からしても、先の予想を裏切るようなかたちであったことも知られよう。

式日の混乱

それではなぜこのような異例になったのか、一見すると義政の力が強かったためとみえなくもない。しかしながら、この時期はいわゆる管領政治期にあたり〔百瀬今朝雄 一九七六〕〔鳥居和之 一九八〇〕、幕政は管領畠山持国(はたけやまもちくに)らを中心に動かされていた。

また、義政が親政をはじめるのは、康正(こうしょう)二年(一四五六)以降〔早島大祐 二〇〇六〕、そして、管領の力を上まわるようになるのも、長禄(ちょうろく)元年（康正三年、一四五七）以降〔百瀬今朝雄　一九七六〕とされている以上、義政の力が強かったためと考えるわけにはいかないだろう。

そこで、注目しなければならないのは、これより先、文安六年（宝徳元年、一四四九）を境として室町時代の祇園会が大きく変容を余儀なくされていったという事実である。

くわしいことについては、本章の最後にあらためてみるとして、わかりやすいことがらとして指摘できるのは、文安六年を境に祇園会が式日の六月七日と一四日とは異なる日に延引（先のばし）され、追行(ついこう)（日をあらため追っておこなうこと）される年がめだって増加していくという事実であろう。

具体的には文安六年には一二月七日と一四日、宝徳四年（一四五二）には一二月二八日と二九日、康正二年（一四五六）には七月七日と一二日、長禄二年（一四五八）には一二月三〇日、寛正(かんしょう)三年（一四六二）には一二月某日、寛正四年（一四六三）には一二月三〇日といったようにである（次節の表6参照）。

これ以前、このように式日と異なる日に追行されたのが、応永二二年（一四一五）七月四日のほぼ一回かぎりであることをふまえるなら、その差は歴然である。しかも、応永二二年のときは、『満済准后日記』六月七日条が「祇園会延引、祭礼の儀一向これなし、地下用意のホコ等、酉の末に渡るばかりなり、御所様(足利義持)御見物なし」と伝えるように、神輿渡御が中止となり、義持の見物もなかったにもかかわらず山鉾だけは巡行した。

それに対して、文安六年のときは、一二月七日には「例のごとく三基、御旅所に出でしめたまう、桙(鉾)山以下風流先々のごとく四条大路を渡る」、また一二月一四日にも「神幸例のごとし、風流山笠桙(鉾)巳下三条大路を渡る」と『康富記』が伝えるように、神輿渡御と山鉾巡行とが連動しておこなわれるようになったことも知られるのである。

このように、義政が祇園会見物にのぞんだ時期というのは、式日の混乱にともなって、これまでには経験したこともない、山鉾も巡行できないという異常な状況にあった。したがって、それ以前のようにあらかじめ日にちや場所をさだめて御成・見物すること自体がむずかしくなっていたことは容易に想像される。実際、義政が追行された祇園会を見物したことなど一度としてない。

このことからも、室町殿にとっては、式日どおりの祇園会を見物することにこそ意味があったと考えられる。とともに、御成や見物するにあたっては、幕府側にも、またむかえるほうにもそれ相当の費用や準備が必要であったと考えられるから、式日が一定しない状況下では計画すら立てられなかったというのが実際だったのだろう。

とすれば、できうるかぎり確実に見物するにはどうすればよいか、おそらくそれが、室町殿が出向くのではなく、逆に山鉾のほうをよびよせることであったと考えられる。こうすれば、将軍御所に桟敷を構える必要はあるものの、御成する必要もなく、また、費用や準備の面においてもかなり融通がきくことになる。

もちろん、宝徳三年六月一四日、享徳二年六月七日ともに、内裏や仙洞でも見物しているので、このことも無関係ではなかったと考えられる。

ただ、ここでより重要なのは、やはりこの時期の義政の政治力についてであろう。いわゆる管領政治期にあって、いかに足利家の家督として室町殿の地位にあったとはいえ、いまだ政治力のとぼしい義政の意向がどれほど反映できたのかについては疑問といわざるをえないからである。

義教を先例とする

実際、そのことを裏づけるように、義政の親政がはじまり、管領の力をうわまわるようになる長禄元年（康正三年、一四五七）以降は、それまでとはうってかわったようすをみてとることができる。

すなわち、興福寺大乗院門跡の日記『大乗院寺社雑事記』康正三年六月八日条が昨日のこととして、「室町殿（足利義政）は京極館（持清）において御見物、先々のごとし、ただし当御代今度始まるものなり」と伝えるように、この年以降、文正元年（一四六六）にいたるまで義政は、六月七日に京極宿所へ御成をし、そして、その桟敷で見物するようになるからである。つまり、先々代の義教の先例に準拠するかたちを義政がとったことがあきらかとなろう。

　このことからもわかるように、室町時代の祇園会を室町殿がどの日にどこへ御成し見物するのかは、その政治力を示すものとして重視されていたことが知られる。逆からみれば、そうできないということは、ときの室町殿の政治力が弱く、その意向は反映されなかったことになろう。

　要するに、山鉾を将軍御所まで参上させたのは、義政の力が強かったわけではけっしてなく、室町殿として御成・見物をおこないたいという義政と、費用や準備の面で義政を下京にまで出向かせることはできないものの、幕府として体面はつくろっておきたいという幕閣とのあいだでうまれた妥協の産物であったとみることができるのである。

　じつは、そのようにしてみたとき、相国寺鹿苑院蔭凉軒主の日記である『蔭凉軒日録』文正元年六月七日条が伝えるつぎの記事は注目される。

　京極（持清）、貧乏により、今日の御成、これをさしおくといえども、所司代多賀豊後守（高忠）・同弟次郎左衛門、兄弟として、これを営む、文正元年といえば、応仁・文明の乱がおこる前の年にあたる。室町殿による祇園会御成・見物としても最後にあたるわけだが、このときはむかえるほうの「京極」持清が「貧乏」であったため、義政の御成・見物を避けようとしていたことが読みとれる。

すでにこれより先、六月二日の段階で「来る七日祇園会京極第に御成につき、かれ貧乏により、これを欠くべし、この趣をもって日野殿（勝光）ならびに伊勢守（伊勢貞親）に諭ず」と『蔭涼軒日録』六月二日条にみえるように、京極持清の意向は「日野殿」（日野勝光）と「伊勢守」（伊勢貞親）をとおして義政に伝えられることになっていた。

にもかかわらず、義政は京極宿所への御成・見物を敢行、そのため京極氏側では持清の被官であり所司代でもあった多賀高忠・次郎左衛門「兄弟」の尽力によってかろうじて対応することができたということを右の史料は伝えている。

このとき、実際に京極持清が「貧乏」であったのかどうかはわからない。ただ、かつて永享一一年（一四三九）六月七日に義政の父義教が「近年渡御中絶」の後、ひさかたぶりに京極宿所へ御成・見物したさいには「家主悦喜」（『建内記』同日条）したことを思いおこすとき、むかえるほうの祇園会御成・見物に対する意識も大きく変化していたことがあきらかとなろう。

山鉾巡行の混乱

おそらく、そのような意識の変化をうみだすことになった背景には、この時期の祇園会をなやませていた式日の混乱があったと考えられる。実際、義政がいかに六月七日に京極宿所へ御成・見物をしようとしたとしても、長禄元年（一四五七）以後においてすら寛正三年（一四六二）・四年と二年つづけて祇園会は一二月に追行されており、式日の混乱はいかんともしがたかったからである。

その影響は山鉾巡行のありかたにまでおよび、『蔭涼軒日録』長禄三年（一四五九）六月七日条には、「渡物（わたりもの）七日、十四日を兼ねる、あいならばれるなり」とみえ、七日のうちに一四日の山鉾もあわせて巡行するという、いわばかけ込みのような事態もおこっていた。

これは、前年の長禄二年の祇園会が一二月も末になってにわかに追行ときまり、そのため大晦日の三〇日のうちにむりやり七日と一四日の山鉾が巡行させられた（『在盛卿記（あきもりきょうき）』長禄二年一二月三〇日条）というにがい経験が関係するのであろう。

そういえば、先にみた享徳二年（一四五三）のときも六月七日に一四日の山鉾が将軍御所まで巡行したことがあったが、これもその前年の宝徳四年（享徳元年、一四五二）の祇園会が一二月二八日と二九日に追行され、しかも、『宗賢卿記』一二月二九日条に「風流など昨日ことごとくこれあり」とみえるように、一四日の山鉾が一二月二八日に七日の山鉾といっしょに巡行させられたということが影響している。山鉾巡行ですら、確実に二度おこなえるかどうか不透明な状況におちいっていたのである。

このような状況のなか、応仁元年（一四六七）五月に応仁・文明の乱がおこり、それによって祇園会も「沙汰におよばず」（『後法興院記』応仁元年六月七日条）となる。そして、それ以降、祇園会は三三年にもわたって中断を余儀なくされることになったのであった。

戦国時代の先例となった義政の御成・見物

これにより室町殿の祇園会見物の歴史もまた、中断においこまれることになったわけだが、ただ、その結果として、義政による室町時代最後の御成・見物のかたちが先例として戦国時代には記憶されるようになったと考えられる。

たとえば、戦国時代の武家故実書として知られる『年中定例記』『年中恒例記』『年中御対面已下日記草案』には、いずれにも「一、七日、祇園祭（ママ）に京極亭へ御成、能あり」「一、京極かたへ渡御、祇園会御見物已後猿楽これあり」「一、佐々木京極に御成、祇園会御見物のためなり、よって上様ならびに御所〱渡御、祇園会過ぎて猿楽これあり」とみえ、六月七日の京極宿所への御成・見物のみが「定例」「恒例」として記録されたことが確認できるからである。

右のすべてに「能」や「猿楽」の記事がみえるが、室町殿が京極宿所へ御成し、祇園会を見物したうえ、猿楽も見物したのは、『蔭凉軒日録』文正元年六月七日条やその前年の『親元日記』寛正六年（一四六五）六月七日条、あるいは『蔭凉軒日録』寛正五年（一四六四）六月七日条など、すべて義政のときにしか見いだすことはできない。おそらくは、これらが書きとどめられ、戦国時代の先例となったのであろう。

義持による見物の重要性

以上、ここでは、初代尊氏から八代義政にいたるまで、室町時代の祇園会を将軍や室町殿がどのように見物してきたのかについてみてきた。その全体をあらためてふりかえったとき、二木謙一氏が指摘したような「室町幕府年中行事としての祇園会御成」の「成立」「定例化」〔二木謙一　一九八五〕といった道筋以上に、祇園会見物がかなり複雑な経緯をたどっていたこともあきらかになったと思われる。

また、そのいっぽうで、複雑な経緯をたどりつつもいくつかの変化も見いだすことができ、歴代の室町殿たちが祇園会見物に対して独自の姿勢をみせていたこともあきらかになったのではないかと思われる。

そして、それらをふまえたうえでうきぼりとなってくるのは、やはり四代義持による祇園会見物の重要性であろう。あらためてみればあきらかなように、父義満を強く意識した義持のかたちが登場しなければ、それを意図的に避け、先々代の義満に準拠した義教や、また、その義教を先例とした義政の祇園会見物のかたちがなりたつこともなかったからである。

その意味では、これまであまり光があてられてこなかった義持の祇園会見物にこそ注視する必要がある。じつは、そのことは、上皇や天皇など公家の祇園会見物とも深くむすびついている。そこで、つぎに節をあらためて、その上皇や天皇の見物についてみていくことにしよう。

2　公家の祇園会見物

公家衆の祇園会見物

管見のかぎり、室町時代の祇園会を公家衆が見物したことがわかるようになるのは、おおよそつぎの史料からではないかと思われる。

今日家君（中原師右）御見物、四条万里小路と高倉間北頰に桟敷を構う、雑掌（ざっしょう）友阿（ゆうあ）これを沙汰進（さたまいら）

す、

これは、『師守記』暦応三年（一三四〇）六月七日条にみえる記事である。記主の中原師守は、公家というより下級官人といったほうがよく、また、時期としても、室町時代というより南北朝時代というべきなのかもしれない。

ただ、少なくともここからは、六月七日の「祇園御輿(神)迎」の日に師守の父「家君」（中原師右）が、「雑掌友阿」によって構えられた桟敷で祇園会を「御見物」したことがあきらかとなる。

ここで、桟敷が「四条万里小路と高倉間北頬」に構えられたのは、この日に三基の神輿が祇園社から四条大路を通って御旅所へと渡御するからだが、右の記事のあとには、「鉾以下もってのほか結興(構)」ともみえるので、鉾など風流を見物するためでもあったのだろう。

前節でみたように、室町将軍による祇園会見物が確認できるようになるのは、右の記事からおよそ一五年たった文和四年（一三五五）六月一四日のことである。そのとき、「将軍」（足利尊氏）とその子「羽林」（足利義詮）は、賢俊によって「用意」された「三条烏丸南頬」の「桟敷」で祇園会を見物したわけだが、このように桟敷を構えて祇園会を見物するというかたちは、公家衆のそれを模倣することからはじめられたことがあきらかとなる。

当然といえば、当然のことではあるものの、室町将軍や室町殿による祇園会見物が、まったくのオリジナルではなく、公家衆による見物のなかからうまれたものであったという点はおさえておく必要があるだろう〔河内将芳　二〇一四〕。

後小松上皇・称光天皇の祇園会見物

さて、今のところ、史料でわかる範囲で上皇や天皇が祇園会を見物したことが確認できるのは、応永二七年（一四二〇）六月一四日が最初となる。そのことを伝える伏見宮貞成の日記『看聞日記』同日条には、つぎのようにみえる。

禁裏(称光天皇)・仙洞(後小松上皇)、山・笠など参るのあいだ、それにつき、禁・仙御確執のことありと云々、

ここに登場する「禁裏」とは称光天皇のこと、そして、「仙洞」とはその父後小松上皇のことを指す。右の記事によれば、その両者（「禁・仙」）のあいだで「山・笠など」が参上するにあたって「御確執」があったとされているが、ここでいう「御確執」がどのようなものだったのかについてはわからない。

ただ、よく知られているように、後小松・称光父子の関係がよくなかったことなどを考慮にいれるなら、あるいはどちらの御所へ先に「山・笠など」が参上するのかといった順番争いのようなものだったのかもしれない。

それはともかくとして、右の記事だけをみていると、このとき「山・笠など」は上皇から天皇の仰せによって「禁裏・仙洞」へ参上することになっていたかのようにみえる。しかしながら、これから二年後の応永二九年（一四二二）六月一四日のときのことを伝える『康富記』同日条に「室町殿（足利義持）、細川京兆（満元）屋形において御見物ありと云々、風流の山・笠ども少々仰せにより内裏（称光天皇）までこれを推すと云々」とみえることからすれば、「室町殿」義持の「仰せ」によって「風流の山・笠ども少々」は「内裏」（称光天皇）へと参上したことがあきらかとなろう。

ちなみに、このとき山鉾が仙洞（後小松上皇）へも参上したのかどうかについてはさだかではない。ただ、この時期、祇園会の見物に関しては、称光天皇よりも後小松上皇のほうが熱心であったことが、つぎの『満済准后日記』応永三一年（一四二四）六月七日条から読みとることができる。

祇園会ホコ・山など、又内裏（称光天皇）・仙洞（後小松上皇）へ参ると云々、地下人ら周章（しゅうしょう）、その費抜群（ついえばつぐん）と

> 云々、仙洞様築地（ついじ）の上に御昇り、召次（めしつぎ）の幸正に御墨笠（すみがき）を指され、このホコども御見物すと云々、希代の御風情、諸人目を驚かすと云々、

この日は六月七日なので、「祇園会ホコ・山など」とは七日の山鉾を指す。七日といえば、前節でもふれたように室町殿足利義持は見物しない日である。にもかかわらず、山鉾は「内裏・仙洞」へ参上することになったわけだが、これ以前に確認できる応永二七年と二九年のいずれもが六月一四日であったことを考えると、今回は異例、あるいは新規だったのかもしれない。

逆に、これによって応永二七年と二九年のときは、義持が細川宿所へ御成・見物したあと、その「仰せ」によって山鉾は通常の巡行後に仙洞や内裏へと参上したことがあきらかとなろう。

後小松上皇の御所望

ところで、右の記事によれば、後小松上皇は、「築地の上」にのぼり、「召次」に「御墨笠」を指させて見物したという。それがもし事実なら、「希代の御風情」として「諸人目を驚かす」のも当然であろうが、これはどうもデマであったらしい。

というのも、これから七日後の六月一四日のことを記した『満済准后日記』に、そのことがみえるからである。

> 祇園会風流物山・桙(鉾)・笠など、ことごとく内裡(裏)(称光天皇)・仙洞(後小松上皇)両御所へ押し、上覧に備う、近年御所望によりて沙汰なり、地下人ら周章このことか、今日は結句夕立の最中なり、しかりといえども、止められざるの条、ことごとく夕立に濡れ散々のこと、不便不便、なかなか申すばかりなしと云々、仙洞様は築山にお登りありて、召次幸正に御笠を指されられて叡覧す、一向京童申すは、築垣に御登りありて御見物の由風聞す、珍事珍事、

デマのもとは後半部にみえる「京童」の「風聞」であり、実際は仙洞御所内の「築山」に登って、「召次」に笠を指させて後小松上皇は見物したことがわかる。しかしながら、その見物のさまが話題になるほどに上皇が見物に熱心であったことはまちがいないだろう。それを裏づけるように、前半部には「近年御所望によりて沙汰なり」とみえる。この場合の「御所望」は、後小松上皇の意向と考えるのが自然であり、また、それが「近年」とある以上、上皇や天皇による祇園会見物が、先にみた応永二七年ころよりはじまったこと

もあらわしていよう。

なお、第二章でもみたように、このとき、称光天皇のほうも、「内裏築垣南西角坤堀（掘）り破り、定鉾などにいたるまでことごとく清涼殿南庭に召され」（『兼宣公記』応永三一年六月一四日条）、見物したことが知られる。

このように、『満済准后日記』からは上皇のようすが、また、『兼宣公記』からは天皇のようすが読みとれるわけだが、このうち、『満済准后日記』の記事は、この時期の山鉾をになう人びとのようすも伝えている点で貴重である。

なぜなら、七日と一四日ともに「地下人ら周章」とみえ、また七日では「その費抜群」とみえるように、山鉾を仙洞・内裏へ参上させるのは、「地下人ら」にとってかなりの負担であったことが知られるからである。しかも、一四日は「夕立の最中」の巡行となり、風流の造物も「散々」となっては、満済でなくとも「不便」（不憫）と感じられたことであろう。

仰せと所役

もっとも、そのいっぽうで、「地下人ら」にとって「周章」（あわてふためくこと）であり、また「その費抜群」であるにもかかわらず、山鉾を仙洞や内裏へ参上せざるをえなかったのは、それが後小松上皇の「御所望」と室町殿義持の「仰せ」によるものであったからという点には注意しなければならない。

この場合、義持がどのような権限でもって「仰せ」を出すことができたのかという点については、それを具体的な史料であきらかにすることはむずかしい。ただ、戦国時代の史料には、山鉾にかかわって、しばしば「諸役（しょやく）」（種々の課役）や「役」「神役」といったことばがみられることも知られている〔下坂守　二〇〇四〕〔河内将芳　二〇〇七〕。

また、第二章で登場した『尺素往来』にも「祇園御霊会今年ことに結構、山崎の定鉾（シツメ）、大舎人の鵲鉾（カサヽキ）、処々の跳鉾（ヲトリ）、家々の笠車、風流の造山、八撥、曲舞、在地の所役、さだめて神慮にかなうか」とみえるなど、山や鉾など風流を出すことが「所役」であり、またそれが「神慮」（神のおぼしめし）にかなうとみられていたことも手がかりとなろう。

なぜなら、このように山や鉾など風流を出すことが「所役」と認識されていたからこそ、室町殿が「仰せ」を出せる余地もうまれたのであろうし、また、それが「神慮」にかなうからこそ、「周章」であろうと、「その費抜群」であろうと「地下人ら」はそれに応じざるをえなかったと考えられるからである。

このようにしてみると、前節でみたように、義持にとって、みずからが祇園会をどのように見物するのかということとあわせて、後小松上皇の「御所望」にこたえて、上皇や天なってくる。

皇にもそれを見物に供することが、政治的な行為としても重要であったことがうきぼりと

したがって、山鉾が仙洞や内裏へと参上することは、見物する場所こそ異なるものの、同じ祇園会をともに見物するという点において、この時期の政治権力が室町殿（義持）と仙洞（後小松上皇）、そして内裏（称光天皇）の三者によってなりたっていたことを目にみえるかたちで示すものになっていたといえよう。

あるいは、そこに「地下人ら」や沿道で見物する数多くの人びとも加えることができるなら、それはまさに祇園会山鉾を京中（洛中）全体でともに見物するという様相を示していたといえる。このような祭礼は、室町時代の京都においては、祇園会山鉾以外に確認することができず、室町時代の祇園会がおかれた特異な位置づけをあらわすものといえよう。

北畠笠鷺鉾と大舎人鉾の推参

上皇・天皇の祇園会見物については、応永三一年のあとも応永三二年（一四二五）六月七日と一四日（『薩戒記』『兼宣公記』）、応永三三年（一四二六）六月一四日（『兼宣公記』）、応永三四年（一四二七）六月七日と一四日（『満済准后日記』『兼宣公記』）とつづけて確認することができる。

ただ、それも、『建内記』正長元年（一四二八）六月一四日条にみえる「風流山・笠また両御所（内裏・仙洞）あたりに押し進む、上皇（後小松上皇）築山において御見物すと云々」との記事を最後にしばらく見いだすことができなくなる。

その背景には、前節でもふれたように、応永三五年（正長元年、一四二八）正月に義持が亡くなり、急遽室町殿となった弟の足利義教が永享四年（一四三二）を境に一四日の見物をおこなわず、七日の京極宿所への御成・見物にのみのぞむようになったことも関係するのかもしれない。

しかしながら、それ以上に重要と考えられるのは、正長元年の祇園会がおこなわれた直後の七月に後嗣をもたなかった称光天皇が亡くなり、そのため伏見宮貞成の子彦仁が後小松上皇の猶子として践祚（後花園天皇）、それからわずか五年後の永享五年（一四三三）一〇月には後小松上皇も亡くなるという皇統をめぐる変化がおとずれた点であろう。

これによって、天皇家の血筋は、後光厳—後円融—後小松—称光とつづいてきた流れ（後光厳院流）から、後光厳の兄の崇光—伏見宮栄仁—治仁—貞成—後花園という流れ（崇光院流）へと変化することになったからである。

じつは、これと関連して注目すべき事実が史料から読みとれる。というのも、つぎに引用する『看聞日記』永享八年（一四三六）六月一四日条の記事以降、仙洞や内裏へは、これまでのようなかたちではなく、ある特定の鉾だけが推参するようになるからである。

> 早旦、北畠笠鷺桙（鉾）参る、屏中門の内において舞わしむ、練貫（ねりぬき）一・太刀一給う、往昔（おうじゃく）菊弟（亭）において見物す、再会するに目に珍しく眼を養う、その後、大舎人桙（鉾）参る、練貫一・太刀一くださる、見物衆鼓操（こそう）なり、内裏（後花園天皇）近所につき、かくのごとく拍物推参す、かつは珍重なり、

すなわち、その鉾とは、第二章でみた「北畠笠鷺桙（鉾）」と「大舎人桙（鉾）」であった。そして、それらがともに、この時期、仙洞と目されていた貞成の伏見殿とその「近所」にあった「内裏」へ推参するようになっていたことが読みとれよう。

この「北畠笠鷺桙（鉾）」と「大舎人桙（鉾）」の推参については、これまでにも芸能史の観点から関心がもたれてきた〔山路興造　二〇〇九〕〔源城政好　二〇〇六〕。ただ、それがいつからおこなわれるようになったのかということにはふれられてこなかったが、貞成が一条東洞院の伏見殿へ移徙したのは、永享七年（一四三五）一二月一九日（『看聞日記』同日条）であり、また、右の史料に「往昔」「菊弟（亭）」において見物した「北畠笠鷺桙（鉾）」に「再会」と記されている以上、今回が仙洞と内裏への推参の最初であったことはあきらかといえよう。

こののちも「北畠笠鷺桙（鉾）」と「大舎人桙（鉾）」の推参は、『看聞日記』をみるかぎり、永享九年（一四三七）六月一四日、永享一〇年（一四三八）六月一四日、嘉吉元年（一四四一）六月一四日と確認することができる。そのいっぽうで、この間は、後小松上皇・称光天皇のときにみられたような山鉾の参上についてはみることができない。

このようなことを考えあわせてみるなら、「北畠笠鷺桙（鉾）」と「大舎人桙（鉾）」の推参は、後小松上皇の「御所望」を意識した貞成の「御所望」であったとみるのが自然であろう。もっとも、前節でみたように、この時期、室町殿であった義教は一四日の山鉾巡行を見物しておらず、その「仰せ」があったのかどうかについてはさだかではない。

桟敷を構えず見物する

その義教が、嘉吉元年（一四四一）に暗殺されて以降、宝徳三年（一四五一）にいたるまで室町殿による祇園会見物が確認できないことは前節でみたとおりである。そして、それと歩調をあわせるかのようにして、上皇・天皇による見物もまた、見いだすことができない。

ところが、宝徳三年（一四五一）六月一四日と享徳二年（一四五三）六月七日に義政がみずからの御所である烏丸殿で祇園会を見物するにあたり山鉾を北上させたため、仙洞

（貞成）や内裏（後花園天皇）でもあわせてそれらを見物することになった。

そこで、あらためて一三九頁の史料をみてみると、今回、山鉾が北上してきたのは、「室町殿」の「仰せ」によるものであったことがわかる。義持以来の「仰せ」のありかたがうけつがれていたとみられよう。

いっぽう、このとき山鉾は高倉小路を北上するまえに万里小路を北上していたことも読みとれる。じつはこれも、『満済准后日記』応永三四年（一四二七）六月一四日条に「万里少（ママ）路を上へ内裏へ参ると云々、この路仕（次）当年初例なり」とみえ、義持以来のことと考えられる。

写真19　後花園天皇（東京大学史料編纂所所蔵模写）

残念ながら、それ以前にどの道筋がつかわれていたのかについてまではわからないが、ただ、これによって北上してきた山鉾は高倉小路をはさんでつらなる「仙洞御前ならびに内裏の東」を通り、それを貞成や後花園天皇が見物することになった。

ここで注目されるのは、一三九頁の日記を記した中原師郷が「これ内々御見物のためか」と記している点である。ここから、今回山鉾が北上させられてきたのは、義政が見物するためだけではなく、貞成や後花園天皇も見物するためであったということが知られるからである。

この場合、貞成と後花園天皇のどちらが「御所望」したのかという点が問題となるが、これに関しては、つぎの広橋綱光（ひろはしつなみつ）の日記『綱光公記（つなみつこうき）』宝徳三年六月一四日条が興味深い事実を伝えている。

> そもそも今日風流以下禁裏（後花園天皇）・仙洞（貞成）・室町殿（足利義政）に参るべしと云々、よって参内（さんだい）す、東門前において御見物、中御門大納言（明豊か）以下祗候（しこう）す、室町殿西面の御散敷（桟敷）において御見物す、続々見物、その興なかざるなり、女房たち東面の散敷（桟敷）において見物せしめたまう、

右によれば、綱光も師郷と同様、山鉾が室町殿とともに仙洞や内裏へも参上するとの情報を手にしていたことが知られる。興味深いのは、「東門前において御見物、中御門大納言（明豊か）以下祗候す」と記している点であろう。これによって、このとき後花園天皇は「東門前」において山鉾を見物したことがあきらかとなるからである。

これ以上のことは右の記事だけではよくわからないが、おそらく天皇は、「室町殿」や「女房たち」のように桟敷を構えての見物ではなく、「東門」の内側から見物したというこ とをあらわしているのだろう。

後花園天皇の御所望

残念ながら、仙洞での見物についてはさだかではないものの、右の記事のありようから考えれば、「内々」「御見物」を「御所望」したのは、後花園天皇とみるのが自然である。おそらくはこのこととも関係するのだろう、このとき参上した山鉾は、「北畠笠鷺桙（鉾）」や「大舎人桙（鉾）」といった特定の鉾ではなく、前節でもみたように一四日の山鉾すべてとなっている。

そこには、一定の変化をみてとることができるわけだが、この点は、享徳二年（一四五三）のときも同様で、一四一頁の史料をみればわかるように、六月七日であったにもかかわらず、「十四日分大略今日沙汰す」と『師郷記』が伝えている。

このような変化の背景には、もしかすると後花園天皇の「御所望」があったのかもしれず、仮にそれが当を得ていたとするなら、後花園天皇もまた、後小松上皇や父貞成の「御所望」を多分に意識していたといえよう。

いずれにしてもこのように、宝徳三年と享徳二年にみられたかたちは、室町殿・仙洞・内裏が同じ祇園会をともに見物するという点においては、義持のときよりもさらに三者が密接な関係にあることを示すものになったといえる。

なぜなら、この両年ともに、義政・貞成・後花園天皇の三者が、近接するおのおの御所において、高倉小路を北上する一四日の山鉾をほぼ同時に見物することになったからである（図5参照）。

もっとも、前節でふれたように、義政は、長禄元年（康正三年、一四五七）を境に父義教の先例に準拠し六月七日の京極宿所への御成・見物を実行しはじめるようになる。そして、それにともなって、内裏・仙洞による見物も史料のうえから確認できなくなることをふまえたとき、祇園会の見物については、やはり室町殿のほうに主導権があったと考えざるをえないであろう。

祇園会と延暦寺大衆

第一章でもふれたように、神輿渡御の用途（費用）である馬上役は、祇園社の本社である日吉社の祭礼、日吉小五月会の馬上役の一部を流用したものであった。そのこともあって、日吉小五月会をみずからの祭礼と認識していた延暦寺大衆の動向により、室町時代の神輿渡御は大きく左右されることになる。

具体的には、室町時代にしばしばみられた山訴〔下坂守 二〇一四〕とよばれる延暦寺大衆の訴訟にともない、式日として祇園会より先行する日吉祭（山王祭）や日吉小五月会が延引すると、玉突き状態で祇園会も延引に追いこまれたことが確認できるからである。

これが、式日である六月七日と一四日に神輿渡御がおこなえなくなる最大の原因であったが、そのような異常事態がどれぐらいおこっていたのか、その全体像をみるため公家の日記など古記録を手がかりに、室町時代の祇園会がいつおこなわれたのかを一覧にしたのが表6である。

この表のなかで、●の印をつけたところが本来の式日に祇園会がおこなえなかった部分にあたる。これをみれば一目瞭然、文安六年（宝徳元年、一四四九）を境にして●の印が頻発していくことがあきらかとなろう。

しかも、この文安六年が重要なのは、これ以前には、仮に祇園会が延引に追いこまれ、神輿渡御が停止されるようなことがあっても、山鉾巡行はなんら影響をこうむることなく六月七日と一四日におこなわれていたのが、この年を境に山鉾巡行もまた、神輿渡御に連動していくことになったという点である〔河内将芳 二〇〇六〕。

この年よりまえに山鉾巡行が神輿渡御に影響をうけてこなかったのは、馬上役が下行さ

表6　室町時代（建武元年〈一三三四〉～応仁元年〈一四六七〉）の祇園会執行一覧

	年	西暦	月日	関係記事（抜粋）	典拠
	建武元年	一三三四			
	建武二年	一三三五	六月　七日	祇園御輿迎	建武二年六月記
			六月一四日	祇園御霊会	建武二年六月記
●	建武三年	一三三六	一一月二八日	祇園御霊会、式日延引	園太暦
	建武四年	一三三七			
	暦応元年（建武五年）	一三三八			
	暦応二年	一三三九			
	暦応三年	一三四〇	六月　七日	祇園御輿迎	師守記
			六月一四日	祇園御霊会	師守記
	暦応四年	一三四一			
	康永元年（暦応五年）	一三四二	六月　七日	祇園御輿迎	師守記
			六月一四日	御霊会	師守記
●	康永二年	一三四三	一一月　八日	追行、御輿迎	祇園執行日記
●			六月一五日	追行、祭礼	祇園執行日記
	康永三年	一三四四	六月　七日	祇園御輿迎	師守記
			六月一四日	祇園御霊会	師守記
	貞和元年（康永四年）	一三四五	六月　七日	祇園御輿迎・山以下作物渡る（八日）	師守記
			六月一四日	祇園御霊会	師守記
	貞和二年	一三四六	六月　七日	祇園会	賢俊僧正日記

貞和三年	一三四七	六月七日	祇園御輿迎	師守記
		六月一四日	御霊会	師守記・園太暦
貞和四年	一三四八			
貞和五年	一三四九	六月七日	祇園御輿迎	師守記
		六月一四日	祇園御霊会	師守記・園太暦
観応元年（貞和六年）	一三五〇	六月七日	御輿迎	祇園執行日記
		六月一四日	神幸	祇園執行日記
観応二年	一三五一	六月七日	祇園神輿迎	園太暦
		六月一四日	祇園祭礼	園太暦
文和元年（観応三年）	一三五二	六月一四日	神幸	祇園執行日記
文和二年	一三五三			
文和三年	一三五四			
文和四年	一三五五	六月七日	祇薗会	賢俊僧正日記
		六月一四日	祇園会	賢俊僧正日記
延文元年（文和五年）	一三五六			
延文二年	一三五七	六月一四日	祇園御霊会	園太暦
延文三年	一三五八	六月七日	祇園御輿迎	柳原家記録・続史愚抄
		六月一四日	祇園御霊会	続史愚抄
延文四年	一三五九	六月七日	祇園御輿迎	延文四年記
		六月一四日	祇園祭礼	延文四年記
延文五年	一三六〇			

	年	西暦	月日	関係記事（抜粋）	典拠
	康安元年（延文六年）	一三六一	六月　七日	祇園御輿迎	進献記録抄纂
	貞治元年（康安二年）	一三六二			
	貞治二年	一三六三	六月一四日	祇園御霊会	後愚昧記
	貞治三年	一三六四	六月　七日	祇園御輿迎	師守記・東寺執行日記
			六月一四日	祇園御霊会	師守記・東寺執行日記
	貞治四年	一三六五	六月　七日	祇園御輿迎	師守記
			六月一四日	祇園御霊会	師守記
	貞治五年	一三六六			
	貞治六年	一三六七	六月　七日	祇園御輿迎	師守記
			六月一四日	祇園御霊会	師守記
	応安元年（貞治七年）	一三六八			
	応安二年	一三六九			
●	応安三年	一三七〇	六月　七日	停止	後愚昧記
●			六月一四日	停止	後愚昧記
	応安四年	一三七一			
	応安五年	一三七二			
	応安六年	一三七三			
●	応安七年	一三七四	六月　七日	停止	後愚昧記・神木御動座度々大乱類聚
●			六月一四日	停止	後愚昧記
	永和元年（応安八年）	一三七五			

	年号	西暦	月日	記事	出典
●	永和二年	一三七六	六月　七日	停止	後愚昧記
●			六月一四日	停止	後愚昧記
	永和三年	一三七七	六月一四日	祇薗会	後忌院殿御記
●	永和四年	一三七八	六月　七日	停止	後愚昧記
●	康暦元年（永和五年）	一三七九	六月一四日	今日祭礼抑留	後深心院関白記
	康暦二年	一三八〇	六月　七日	祇園会	迎陽記
			六月一四日	祇園会	迎陽記
	永徳元年（康暦三年）	一三八一			
	永徳二年	一三八二			
	永徳三年	一三八三	六月　七日	祇園御輿迎	吉田家日次記
			六月一四日	祇園会	吉田家日次記
	至徳元年（永徳四年）	一三八四			
	至徳二年	一三八五			
	至徳三年	一三八六			
	嘉慶元年（至徳四年）	一三八七			
	嘉慶二年	一三八八			
	康応元年（嘉慶三年）	一三八九			
	明徳元年（康応二年）	一三九〇			
	明徳二年	一三九一			

	年	西暦	月日	関係記事（抜粋）	典拠
	明徳三年	一三九二			
	明徳四年	一三九三			
	応永元年（明徳五年）	一三九四			
	応永二年	一三九五			
	応永三年	一三九六			
	応永四年	一三九七	六月一四日	御さいれゐ	御霊会嘉吉応永下行之記
	応永五年	一三九八	六月 七日	御さいれゐ	御霊会嘉吉応永下行之記
	応永六年	一三九九	六月 七日	祇園会	迎陽記
			六月一四日	祇園神輿還幸	迎陽記
	応永七年	一四〇〇	六月 七日	御さいれゐ	御霊会嘉吉応永下行之記
	応永八年	一四〇一	六月 七日	祇園祭礼	康富記
	応永九年	一四〇二	六月 七日	祇園御輿迎	吉田家日次記
			六月一四日	祇園会	吉田家日次記
	応永一〇年	一四〇三	六月 七日	御さいれゐ	御霊会嘉吉応永下行之記
			六月一四日	祇園会	東院毎日雑々記
●	応永一一年	一四〇四	六月 七日	御輿迎	南都真言院伝法灌頂記
			六月 八日	延引、追行	南都真言院伝法灌頂記
	応永一二年	一四〇五	六月一四日	祇薗会	教言卿記
	応永一三年	一四〇六	六月 七日	御さいれゐ	御霊会嘉吉応永下行之記
	応永一四年	一四〇七	六月 七日	祇園会	教言卿記・応永十四年暦日記
	応永一五年	一四〇八	六月 七日	御さいれゐ	御霊会嘉吉応永下行之記
	応永一六年	一四〇九	六月 七日	桙見物	教言卿記・御霊会嘉吉応永下行之記

	応永一七年	一四一〇	六月 七日	御さいれゐ	御霊会嘉吉応永下行之記
	応永一八年	一四一一	六月 七日	御さいれゐ	御霊会嘉吉応永下行之記
	応永一九年	一四一二	六月 七日	祇園会	山科家礼記
			六月一四日	祇園祭礼	山科家礼記
	応永二〇年	一四一三	六月一四日	祇園社頭神前喧嘩	満済准后日記
	応永二一年	一四一四	六月 七日	祇園無為神行	満済准后日記
			六月一四日	祇園会	満済准后日記
●	応永二二年	一四一五	六月 七日	延引	満済准后日記
●			七月 四日	追行	満済准后日記・八坂神社文書・御霊会嘉吉応永下行之記
●			七月一一日	追行	八坂神社文書
	応永二三年	一四一六	六月 七日	祇園会	看聞日記
			六月一四日	祇園会	看聞日記
	応永二四年	一四一七	六月 七日	祇園会	看聞日記
			六月一四日	祇園会	看聞日記
	応永二五年	一四一八	六月 七日	祇園会	看聞日記
			六月一四日	祇園会	看聞日記
	応永二六年	一四一九	六月 七日	祇園御輿・神行	看聞日記・康富記
			六月一四日	祇園祭礼	康富記
	応永二七年	一四二〇	六月 七日	祇薗会	看聞日記
			六月一四日	祇園会	看聞日記・師郷記・薩戒記目録
	応永二八年	一四二一	六月 七日	祇園会	看聞日記・花営三代記
			六月一四日	祇園会	看聞日記・花営三代記

年	西暦	月日	関係記事（抜粋）	典拠
応永二九年	一四二二	六月　七日	祇園御輿迎	看聞日記・康富記・兼宣公記
		六月一四日	祇園祭礼	看聞日記・康富記・兼宣公記
応永三〇年	一四二三	六月　七日	祇園会	満済准后日記・看聞日記
		六月一四日	祇園会	満済准后日記・看聞日記
応永三一年	一四二四	六月　七日	祇園会	満済准后日記・看聞日記・兼宣公記・薩戒記目録
		六月一四日	祇園会	満済准后日記・看聞日記・兼宣公記・薩戒記目録
応永三二年	一四二五	六月　七日	祇園祭礼	花営三代記・看聞日記・薩戒記・薩戒記目録・兼宣公記
		六月一四日	祇園会	花営三代記・看聞日記・兼宣公記・満済准后日記・師郷記
応永三三年	一四二六	六月　七日	祇園会	満済准后日記
		六月一四日	祇園会	満済准后日記・兼宣公記（史料稿本）
応永三四年	一四二七	六月　七日	祇園会	満済准后日記・兼宣公記
		六月一四日	祇園会	満済准后日記・兼宣公記・薩戒記目録
正長元年（応永三五年）	一四二八	六月　七日	祇園御輿迎	満済准后日記・師郷記・薩戒記目録
		六月一四日	祇園御霊会	満済准后日記・師郷記・建内記・薩戒記目録
永享元年（正長二年）	一四二九	六月　七日	祇園会	満済准后日記・薩戒記目録
		六月一四日	祇園会	満済准后日記・師郷記・薩戒記目録
永享二年	一四三〇	六月　七日	祇園御輿迎	満済准后日記・師郷記
		六月一四日	祇園御霊会	満済准后日記・師郷記

	永享三年	一四三一	六月　七日	祇園御輿迎	満済准后日記・師郷記・看聞日記
			六月一四日	祇園御霊会	満済准后日記・師郷記・看聞日記
	永享四年	一四三二	六月　七日	祇園御輿迎	師郷記・看聞日記
			六月一四日	祇園御霊会	師郷記・看聞日記
	永享五年	一四三三	六月　七日	祇園御輿迎	満済准后日記・管見記・師郷記・看聞日記
			六月一四日	祇園御霊会	管見記・師郷記・看聞日記
	永享六年	一四三四	六月　七日	祇園御輿迎	満済准后日記・師郷記・看聞日記
			六月一四日	祇園御霊会	満済准后日記・師郷記・看聞日記
	永享七年	一四三五	六月　七日	祇園御輿迎	師郷記・看聞日記
			六月一四日	祇園御霊会	師郷記・看聞日記
	永享八年	一四三六	六月　七日	祇園会	看聞日記
			六月一四日	祇園会	看聞日記
	永享九年	一四三七	六月　七日	祇園御輿迎	師郷記・看聞日記
			六月一四日	祇園御霊会	師郷記・看聞日記
	永享一〇年	一四三八	六月　七日	祇園御輿迎	師郷記・看聞日記
			六月一四日	祇園御霊会	師郷記・看聞日記
	永享一一年	一四三九	六月　七日	祇園御輿迎	建内記・師郷記
			六月一四日	祇園御霊会	建内記・管見記・師郷記
	永享一二年	一四四〇	六月　七日	祇園御輿迎	師郷記
			六月一四日	祇園御霊会	師郷記
	嘉吉元年（永享一三年）	一四四一	六月　七日	祇園御輿迎	建内記・師郷記・看聞日記
			六月一四日	祇園御霊会	建内記・師郷記・看聞日記

	年	西暦	月日	関係記事（抜粋）	典拠
	嘉吉二年	一四四二	六月　七日	祇園社御霊会御輿迎	康富記・師郷記
			六月一四日	祇園祭	康富記・師郷記
	嘉吉三年	一四四三	六月　七日	祇園御輿迎	康富記・建内記・師郷記
			六月一四日	祇園御霊会	康富記・建内記・師郷記・経覚私要鈔
	文安元年（嘉吉四年）	一四四四	六月　七日	祇園御輿迎	師郷記・建内記
			六月一四日	祇園御霊会	師郷記・建内記
	文安二年	一四四五	六月　七日	祇園御輿迎	師郷記
			六月一四日	祇園御霊会	師郷記
	文安三年	一四四六	六月　七日	祇園御輿迎	師郷記・東寺執行日記
			六月一四日	祇園御霊会	師郷記・社中方記
	文安四年	一四四七	六月　七日	祇園御輿迎	康富記・師郷記・建内記・綱光公記
			六月一四日	祇園御霊会	康富記・師郷記・建内記・綱光公記
	文安五年	一四四八	六月　七日	祇園御輿迎	康富記・師郷記
			六月一四日	祇園御霊会	康富記・師郷記
●	宝徳元年（文安六年）	一四四九	六月　七日	延引	康富記・綱光公記
●			六月一四日	延引	康富記
●			一二月　七日	追行	康富記・綱光公記・北野社家日記・武家年代記
●			一二月一四日	追行	康富記・武家年代記
	宝徳二年	一四五〇	六月　七日	祇園御輿迎	康富記・綱光公記・東寺執行日記
			六月一四日	祇園祭礼	康富記・綱光公記
	宝徳三年	一四五一	六月　七日	祇園御輿迎	師郷記・綱光公記
			六月一四日	祇園御霊会	師郷記・綱光公記

●	享徳元年（宝徳四年）	一四五二	六月一四日	延引	師郷記
●			一二月二八日	追行	師郷記・綱光公記・武家年代記
●			一二月二九日	追行	師郷記・綱光公記
	享徳二年	一四五三	六月　七日	祇園御輿迎	師郷記・宗賢卿記
			六月一四日	祇園御霊会	師郷記・宗賢卿記
	享徳三年	一四五四	六月　七日	祇園御輿迎	師郷記
			六月一四日	祇園御霊会	師郷記・綱光公記
	康正元年（享徳四年）	一四五五	六月　七日	祇園御輿迎	師郷記
			六月一四日	祇園御霊会	師郷記
●	康正二年	一四五六	六月　七日	延引	師郷記
●			六月一四日	延引	師郷記
●			七月　七日	追行	師郷記
●			七月一二日	追行	師郷記
	長禄元年（康正三年）	一四五七	六月　七日	祇園会	山科家礼記・経覚私要鈔・大乗院寺社雑事記
●			六月一四日	延引	山科家礼記
●			六月一五日	追行	山科家礼記
●	長禄二年	一四五八	一二月三〇日	延引、追行	在盛卿記
	長禄三年	一四五九	六月　七日	祇園会	碧山日録・蔭凉軒日録
	寛正元年（長禄四年）	一四六〇	六月　七日	祇園会	経覚私要鈔・碧山日録・蔭凉軒日録・大乗院寺社雑事記
	寛正二年	一四六一	六月　七日	祇園会	蔭凉軒日録

	年	西暦	月日	関係記事（抜粋）	典拠
●	寛正三年	一四六二	六月　七日	延引	蔭凉軒日録・綱光公記
●			六月一四日	延引	綱光公記
●			一二月か	追行	八坂神社文書
●	寛正四年	一四六三	六月　七日	延引	蔭凉軒日録
●			一二月三〇日	追行	祇園社記続録第三・大乗院寺社雑事記
	寛正五年	一四六四	六月　七日	祇園会	蔭凉軒日録・経覚私要鈔
			六月一四日	祇園会祭礼	蔭凉軒日録・経覚私要鈔
	寛正六年	一四六五	六月　七日	祇園会	親元日記・蔭凉軒日録
			六月一四日	祇園祭礼	親元日記・蔭凉軒日録
	文正元年（寛正七年）	一四六六	六月　七日	祇園御霊会	後法興院記・斎藤親基日記・蔭凉軒日録・大乗院寺社雑事記
			六月一四日	祇園会祭礼	蔭凉軒日録
●	応仁元年（文正二年）	一四六七	六月　七日	停止	後法興院記

（註）●が、停止・延引・追行がみられた年月日。空欄は、関係記事・史料の未発見部分。

れていなかったためと考えられるが、それが連動するようになったということは、すなわち用途の面においても神輿渡御と山鉾巡行とのあいだに接点がもたれたことを意味しよう。

その背景には、嘉吉元年（一四四一）の義教暗殺直後におこった土一揆（徳政一揆）によって京中の土倉が壊滅的な被害をうけ、その土倉に経済基盤をおいていた馬上役がとどこおるという事態があった。

そして、そのような経済基盤の動揺とそれにかかわってくりかえされる山訴（延暦寺大衆の訴訟）により、文安六年以降、祇園会は式日の混乱をはじめとした苦難の歴史をあゆむこととなるのである。

その影響は戦国時代までつづくことになるが、そのような歴史に終止符がうたれるのは、元亀二年（一五七一）九月に織田信長によって延暦寺と日吉社が焼き討ちされてからとなる。このことからもあきらかなように、文安六年以降、戦国時代にいたる祇園会に待ったをかけていたのは、室町幕府などではけっしてなく、延暦寺大衆にほかならなかったといえよう。

したがって、室町時代を含めた中世の祇園会を正確にとらえていくためには、神輿渡御や山鉾巡行をになう人びとと室町幕府といった関係だけではなく、延暦寺大衆や祇園社、あるいはまた公家社会といった、都市京都のなかで複雑にからみあう立体的な関係を常に念頭においておく必要がある。

そして、それらをふまえたときにはじめて、足利義満の晩年と義持・義教の時代に祇園会がもっとも安定し、それゆえにまた、盛大であったという事実も理解することができるのであろう。

第四章　伝えられた室町時代の祇園祭

1　山口祇園会、津和野祇園会

在京する武士たちの祇園会見物

前章では、武家のうち、室町将軍や室町殿による祇園会見物についてみたが、室町時代には、彼らの臣下である守護など一定の武士たちが在京していたことも知られている。したがって、そのような武士たちもまた、祇園会を見物したと考えられる。

たとえば、室町将軍や室町殿のために桟敷を構えた守護クラスの武士たち、あるいは、御成先となった京極宿所や細川宿所の「家主」が祇園会を見物したであろうことは容易に想像される。

また、貞治四年（一三六五）六月七日、母の喪に服して足利義詮が祇園会を見物しなかったさいには「今日祭礼大名ら見物におよばず」（『師守記』同日条）とみえ、ここから逆に、このようなとき以外には「大名ら」も見物していたとみられよう。

さらに、嘉吉二年（一四四二）六月一四日の「神幸のとき」、「山名金吾(持豊)桟敷」の「前」で「少将井駕輿丁らと山名被官人」が「喧嘩」におよんだが（『康富記』同日条）、この桟敷は、「神幸」のまえに「三条大路」を渡った「風流桙(鉾)・山・笠・船など」を見物するためのものと考えられる。したがって、「山名金吾」（山名持豊）とその被官たちも、桟敷を構えて祇園会を見物したとみてよいであろう。

ちなみに、嘉吉二年といえば、前章でもふれたように、足利家の家督を継承しながらも、元服も将軍任官もすませていない足利義勝による祇園会見物はおこなわれなかった。したがって、室町将軍や室町殿の見物がなくとも、守護や「大名」らが祇園会を見物した可能性は高い。ただ、そのことが史料に残されていないのは、やはり室町将軍や室町殿の祇園会見物のほうに人びとの関心が集まっていたためであろう。

このようにして室町時代の祇園会を目の当たりにした武士たちが、各地域で同じように祇園会をおこなおうとしたとしても不思議ではない。実際、室町時代の祇園会を伝えたとされる祭礼が各地に残されている。そこで、ここでは、それらのうちのいくつかをとおして、室町時代の祇園会についてさらに深くみていくことにしよう。

山口祇園会

そこでまずは、西国の雄として知られる大内氏の守護所がおかれた周防国山口（現在、山口県山口市）である。山口では、現在でも七月二〇日から二七日にかけて祇園祭がおこなわれているが〔河内将芳　二〇一六〕、そのはじまりは、室町時代の長禄三年（一四五九）とされている。

これは、『山口祇園会鷺之一巻』（『山口市史　史料編　近世2』）という史料に「長禄三己卯年六月十四日、防州山口祇園会始まるなり」とみえることに由来する。もっとも、『山口祇園会鷺之一巻』は、江戸時代の正徳四年（一七一四）卯月に記されたものであり、同時代の史料とはいえない。

いっぽう、『山口宰判風土注進案　上宇野令之二』（山口市教育委員会　一九八一）という史料には、「社伝、当社は後光厳院応安二己酉年、大内弘世朝臣、洛東八坂の郷感神院（祇園社）より迎え祠らる」とみえ、八坂神社（祇園社）は応安二年（一三六九）に大内弘世によって勧請されたとされている。

もっとも、この『山口宰判風土注進案　上宇野令之二』も天保年間（一八三〇〜四四）に書かれたものであり、やはり同時代史料とはいえない。しかも、応安二年のことは、先行する『山口祇園会鷺之一巻』には出てこず、それがどこに由来するのかもさだかとはいえないのである。

このように、山口祇園会がいつはじめられたのかという基本的な問題を同時代史料によって追いかけることは思いのほかむずかしい。ただ、延徳四年（一四九二）六月日付の「壁書」（『大内氏掟書』）には「祇薗（園）会」の「見物」のことが記され、また、永正一七年（一五二〇）成立の『高嶺太神宮御鎮坐伝記』（『山口市史　史料編　大内文化』）にも「地拍子」「作物」「ほこ」という記事がみえる以上、戦国時代に山口祇園会がおこなわれていたことは確実といえよう。

『山口祇園会毎年順勤人数之事』

そのことをふまえたうえで注目される史料が残されている。天正一一年（一五八三）六月吉日付の『山口祇園会毎年順勤人数之事』（『山口市史　史料編　大内文化』）という記録である。記されたのが天正年間（一五七三～九二）という点もさることながら、そのなかには、山口県指定無形民俗文化財「鷺の舞」（写真20）として知られる「鷺舞」にかかわる記事がみられる。そして、そこには、つぎのようなことが記されている。

鷺舞のこと

さき（鷺）　二人　　つえ（杖）　二人
かつこ（鞨鼓）　二人　　せうこ（鉦鼓）　一人
小つゝミ（鼓）　一人　　太子（太鼓）　一人
笛ふき（吹）　二人

ここからは、山口祇園会の「鷺舞」の構成がくわしく読みとれるが、それによれば、「さき」（鷺）の仮装をしたものが二人、また、いわゆる棒振（ぼうふり）と考えられる「つえ」（杖）も二人であり、そのほかに楽器にたずさわるものたちが「かつこ」（鞨鼓）二人、「せうこ」（鉦鼓（しょうこ））一人、「小つゝミ」（小鼓）一人、「太子」（太鼓）一人、「笛ふき」（笛吹）二人いたことが知られる。

この「鷺舞」の延長線上に現在の「鷺の舞」が位置し、そして、そのすがたが第二章でみた『月次祭礼図屏風』（模本）に描かれた鷺舞と酷似している点から、山口祇園会の「鷺の舞」は、笠鷺鉾が伝えられたものと考えられている（山路興造　二〇〇九）（植木行宣　二〇〇二）（大塚活美　二〇〇六）（福原敏男　二〇〇六）（稲田秀雄　二〇一二）。それがもし事実であれば、室町時代の祇園会風流が山口に伝えられたこととなろう。

そこで、こころみに右の史料と『月次祭礼図屏風』（模本）（写真21）に描かれた笠鷺鉾

写真20　山口祇園祭の「鷺の舞」（山口市教育委員会文化財保護課提供）

をみくらべてみると、鷺の仮装をした鷺舞が二人いることはたしかに同じといえる。また、右の史料で鞨鼓と笛吹が二人である点も、鷺舞のうしろに描かれている人物のすがたと重なる。さらに、鉦鼓と太鼓がおのおの一人であることも重なるが、ただ、『月次祭礼図屛風』（模本）では小鼓を打つ人物が三人描かれているのに対して、右の史料では一人であるところは異なる。そのほか、いわゆる棒振を意味すると考えられる「つえ」（杖）二人についても、『月次祭礼図屛風』（模本）では確認することができない。

このように、いくつかの違いはみられるものの、両者のあいだに共通する点が多いことは事実であろう。しかも、『山口祇園

写真21　『月次祭礼図屏風』（模本）（東京国立博物館所蔵）

会毎年順勤人数之事』には、「年々の大頭屋（おおとうや）のかさほこ」という記事もみられ、「かさほこ」が出されていたことも知られる。笠鷺鉾が、鷺鉾と傘鉾によってなりたっていたことも伝えられていたのであろう。

大内盛見の在京

それでは、「鷺の舞」は、いつ山口に伝えられたのであろうか。そのこたえを出すことはむずかしいといわざるをえないが、ただ、その可能性ぐらいにはせまってみれそうに思われる。

そこで、まず考えなければならないのは、伝えられたところが守護所のおかれた山口である以上、それを主導したのが守護の大内氏である可能性が高いという点であろう。また、それを主導するためには、大内氏自身が実際に京都の祇園会を目の当たりにする必要もあったと考えられる。

したがって、つぎに考えなければならないのは、歴代の大内氏当主がいつ京都にいたのか、その在京状況についてとなろう。そこで、「社伝」として神社が山口に勧請されたとされる応安二年（一三六九）から応仁・文明の乱がはじまる応仁元年（一四六七）までの時間幅のなかで、大内氏当主の在京状況と山口と京都の両祇園会に関することがらを一覧

表7　大内氏の在京状況と山口祇園会・京都祇園会

年	月日	山口祇園会に関する事象	足利将軍	京都祇園会に関する事象	大内氏 当主	大内氏 動向	大内氏 典拠
応安二年（一三六九）		山口に祇園社勧請	義満		弘世		
康暦二年（一三八〇）	一一月一五日		義満		弘世	死去	大内多々良氏譜牒
康応元年（一三八九）			義満		義弘	在京	鹿苑院殿厳島詣記
応永元年（一三九四）			義満		義弘	（在京か）	
	一二月一七日		義持		義弘	（在京か）	
応永二年（一三九五）			義持		義弘	在京	経嗣公記
応永五年（一三九八）	九月二四日		義持		義弘	在京	兼敦朝臣記
			義持		義弘		
応永六年（一三九九）	六月七日		義持	義満、祇園会見物	義弘		
	一二月二一日		義持		義弘	死去	寺門事条々聞書
応永一二年（一四〇五）	六月一四日		義持	義満、祇園会見物	盛見		
応永一四年（一四〇七）	六月七日		義持	義満、祇園会見物	盛見		
応永一五年（一四〇八）	五月六日		義持	〔義満死去〕	盛見		
応永一六年（一四〇九）			義持		盛見	上洛、在京	不二遺稿
応永一九年（一四一二）			義持		盛見	在京	山科家礼記

応永二〇年（一四一三）						在京	満済准后日記
応永二一年（一四一四）	六月一四日			義持、祇園会見物		在京	満済准后日記
応永二二年（一四一五）						在京	満済准后日記
応永二五年（一四一八）						在京	満済准后日記
応永二六年（一四一九）	六月一四日			義持、祇園会見物		（在京か）	
応永二八年（一四二一）	六月一四日			義持、祇園会見物		（在京か）	
応永二九年（一四二二）	六月一四日			義持、祇園会見物		在京	満済准后日記
応永三〇年（一四二三）			義量			（在京か）	
	三月一八日					（在京か）	
	六月一四日			義持、祇園会見物		在京	満済准后日記
応永三一年（一四二四）	六月一四日			義持、祇園会見物		（在京か）	
応永三二年（一四二五）	二月二七日						
	六月一四日			義持、祇園会見物		（在京か）	
						（下向か）	薩戒記
応永三三年（一四二六）	六月一四日			義持、祇園会見物			
応永三五年（一四二八）	正月一八日			〔義持死去〕			
永享元年（正長二年、一四二九）	三月一五日		義教			在京	満済准后日記
	六月七日			義教、祇園会見物			
	六月一四日			義教、祇園会見物			

年	月日	山口祇園会に関する事象	足利将軍	京都祇園会に関する事象	大内氏 当主	大内氏 動向	典拠
永享三年（一四三一）	六月二八日					死去	満済准后日記
永享一二年（一四四〇）	二月二九日				持世	（上洛か、在京か）	建内記
	六月七日			義教、祇園会見物			
嘉吉元年（一四四一）	六月七日			義教、祇園会見物			
	六月二四日			〔義教死去〕		在京	建内記
	七月二八日					死去	建内記
嘉吉二年（一四四二）	一一月七日		義勝		教弘		
嘉吉三年（一四四三）	七月二一日			〔義勝死去〕			
宝徳元年（文安六年、一四四九）	四月二四日					上洛、在京	経覚私要鈔
	四月二九日		義政				
享徳四年（一四五五）						（これ以前に下向か）	長門国守護職次第
長禄三年（一四五九）	六月一四日	山口祇園会はじまる					
寛正六年（一四六五）	六月七日			義政、祇園会見物			
	九月三日					死去	斎藤親基日記
応仁元年（一四六七）	六月七日			祇園会停止			

にしたのが表7である。

ここで下限を応仁元年としたのは、応仁元年から三三年後の明応（めいおう）九年（一五〇〇）に再興された戦国時代の祇園会では笠鷺鉾がそのすがたを消し、それを見物することができない点による。

また、笠鷺鉾が六月一四日のみに登場する風流であり、そして、その一四日の見物にことさらこだわりをもっていたのが足利義持であったということも重ねあわせるなら、義持との接点も重要な点となろう。

これらをふまえたうえで、表7の大内氏当主の在京状況をみてみると、義持が応永三五年（一四二八）正月一八日に亡くなるまで比較的ながく在京していたのが、大内盛見（もりみ）だったことがあきらかとなる。

とはいうものの、盛見が、在京しているあいだに義持に供奉したり、あるいは単独で祇園会を見物したのかどうかといった点を史料によって確認することはできない。しかしながら、室町時代をとおして、もっとも安定的に、そして、もっとも盛大に祇園会がおこなわれていた時期に盛見が在京していたということをふまえるなら、盛見の時代に笠鷺鉾が山口へ伝えられるきっかけがうまれたと考えるのが自然であろう。

技能が必要とされた「鷺の舞」

ただし、そのように考えたとき問題となるのは、『山口祇園会鷺之一巻』にみえる山口祇園会が「長禄三己卯年六月十四日」、「大内廿四代教弘公御時代」にはじめられたとされる伝承との兼ね合いについてである。

しかしながら、表7をみればわかるように、大内教弘の場合、盛見とは異なり、その在京期間はかなりかぎられている。しかも、前章でみたように、その間、足利義政は、山鉾を将軍御所まで北上させて見物するという異例なかたちをとっていた。したがって、それを教弘が見物することはかなりむずかしかったであろう。

それでは、盛見の在京期間と長禄三年という時間のずれをどのように考えればよいであろうか。これについてももちろんこたえを出すことはできないが、ただ、この点に関連して思いおこさなければならないのは、「鷺の舞」の源流というべき笠鷺鉾が、北畠や大舎人といった特定の職能集団によってになわれる特異な風流であったという点であろう。

なぜなら、そのような風流を伝えるためにはそれをになうに十分な技能の習得が必要と考えられるからである。そのことは、たとえば、京都の事例ではあるが、狂言『鬮罪人』にみえる、つぎのようなエピソードからもうかがうことができる〔稲田秀雄　二〇一七〕。

そのエピソードとはすなわち、ある町の「山の思し召し」のひとつとして、笠鷺鉾を意味する「大きな橋を掛けまして、鷺の橋を渡いた、鵲の橋を渡いたと申して、囃子物をいたそう」との提案に対して、「これは去年、下の町から出ましたが、囃子物が揃わいで、洛中洛外の笑いものになりましてござる」と却下されるというものである。笠鷺鉾の囃子物を揃えることがいかにむずかしかったのか、ここからは、笠鷺鉾が素人の思いつきなどでは手に負えるようなものではなかったことが知られよう。

じつは、「鷺の舞」に関しても、『山口宰判風土注進案　上宇野令之二』に「左義長（さぎちょう）・笠鉾」（「鷺の舞」）が「堂の前町よりこれを出だす」「いわれ」は、「京祇園会の笠鉾は壬生より出」されており、「大内弘世朝臣、平安城（京都）の景勝を模されしとき」「この堂の前を京の壬生になぞらえたまい」という記事がみえる。ここからは、「鷺の舞」もまた、「堂の前町より」出されるものであり、だれでもがたやすくおこなえるものではなかったことがうかがえよう。

このようにしてみると、笠鷺鉾を伝え、定着させていくためには、それなりの時間が必要であったと考えられる。その時間がどれほどのものであったのかについてはさだかではないが、山口祇園会が、盛見の在京時期からくだること、およそ三〇年後の長禄三年六月一四日にはじめられたと伝承されるようになった背景にも、このようなことが関係しているのではないかと考えられる。

いずれにしても、「鷺の舞」が笠鷺鉾を伝えたものであり、それが「中絶することなく行われ」（山口市教育委員会　一九八二）てきたとするなら、伝えられたその時期とは、大内盛見から教弘の時代、すなわち室町時代であった可能性はやはり高いといえよう。

津和野祇園会

ところで、山口祇園会に伝わる「鷺の舞」と同じような風流が石見国津和野（現在、島根県津和野町）にも残されている。国指定無形文化財として知られる「弥栄神社の鷺舞」（以下、「鷺舞」）である。

もっとも、こちらのほうは、室町時代の史料はもとより、文字で書かれた史料そのものも現物のかたちでは残されていないようである。したがって、諸書に引用されたものを寄せあつめていかなければ、何もわからないというのが実状といえる。

そこでまずは、津和野の歴史を考えるうえでまっ先に参照しなければならない沖本常吉編『津和野町史　第一巻』（津和野町史刊行会、一九七〇年）に引用される祇園社（弥栄神社）大宮司家所伝の『桑原家由緒控』をみてみることにしよう。

すると、そこには「同（天文）十一年壬寅六月十四日、祇園社新宮へ御遷座、大疫病のときにつき、新たに野市に旅殿造立、本宮のあたり一七日の神事あり、鷺舞執行はじまる」との記

写真22　津和野祇園祭の「鷺舞」（津和野町教育委員会提供）

述がみてとれる。

ここからは、津和野祇園会の「鷺舞」が、室町時代ではなく、戦国時代の天文一一年（一五四二）六月一四日にはじまったと伝えられていたことがうかがえる。もっとも、戦国時代の京都では笠鷺鉾のすがたをみることはできない。したがって、津和野の「鷺舞」は、京都から直接伝えられたものではなかったこととなろう。

この点に関連して、矢富厳夫『鷺舞と津和野踊り』（津和野町教育委員会、一九七三年）に引用される桑原家所伝の『由緒書調』をみてみると、「当今伝わるところの鷺舞は、津和野旧領主吉見大蔵大輔正頼時代、周防山口なる祇園会を移されし」との記述が読みとれる。

ここに登場する吉見正頼とは、戦国時代の津和野領主として知られる人物だが（島根県立石見美術館　二〇一九）、その正頼が「周防山口なる祇園会を移」し、「鷺舞」も同じように移したことがうかがえよう。

残念ながら、『桑原家由緒控』にみえる記事と『由緒書調』にみえる記事とがどのようにつながるのか、これだけでは不明といわざるをえない。ただ、いずれにしても、津和野の「鷺舞」が、室町時代ではなく、戦国時代に山口祇園会を経由して伝えられたと考えることはできよう。

鷺舞の式をあらためて習い来たる

もっとも、その「鷺舞」がそのまま現在にまで伝えられてきたのかといえば、そうでもなさそうである。同じく矢富厳夫『鷺舞と津和野踊り』に引用される桑原家所伝の『由緒書』をみてみると、「寛永二十の秋、野村仁左衛門・坂田屋種助先祖両人上京し、鷺舞の式あらためて習い来たり、今伝うるところなり」との記述が読みとれるからである。

これによれば、現在につながる「鷺の舞」は、江戸時代の寛永二〇年（一六四三）になって京都の「鷺舞の式あらためて習い来」たったものだという。しかしながら、戦国時代に笠鷺鉾が再興されなかった以上、そのすがたをみることは江戸時代の京都でもできなかった。

したがって、『由緒書』のいうように、京都で「鷺舞の式」を習うことはおよそ不可能な話となる。とすれば、先の記述はどのように理解すればよいのだろうか。難問といわざるをえないが、ここで、注目されるのは、室町時代の笠鷺鉾のうち鷺鉾をになっていた北畠の声聞師が、室町時代から戦国時代にかけて、正月になると千秋万歳（せんずまんざい）や左義長といった行事にかかわって天皇の住まう内裏（禁中、禁裏、京都御所）へ参入していたという事実である〔源城政好　二〇〇六〕。

ここでいう千秋万歳とは、正月に民家の門に立って祝言をのべつつ舞ったりする芸能のことを指すが、京都ではそれを民間の陰陽師である声聞師がおこなっていた。北畠は、それを内裏でもおこなっていたのである。

いっぽう、左義長とは三毬打ともいい、いわゆるどんど焼きのことを意味するが、内裏では、正月一五日および一八日に清涼殿の東庭において、たばねた青竹を立て、これに吉（きっ）書（しょ）や短冊などを結びつけ、囃しながら焼いていた。

北畠の声聞師は、そのうちの囃す役目をになっていたことで知られている。たとえば、『建内記』文安四年（一四四七）正月一八日条に「禁裏三毬打（中略）今夜、北畠散所参入し、鼓舞（こぶ）す」とみえるようにである。

左義長を囃す大黒

ところが、その囃す役目は、戦国時代、長享二年（一四八八）以降、北畠にかわって大黒とよばれる声聞師がおこなうようになっていた〔杉山美絵　二〇〇六〕。たとえば、宮中女官の日記『御湯殿上日記』永禄四年（一五六一）正月一八日条に「大黒、三毬打、笛・太鼓・鼓・鞨鼓・棒などにて囃しまいらする」（原文はひらがな）とみえるようにである。

そのようすは、『月次風俗図扇面流し屏風』（光円寺所蔵）（写真23）などにも描かれている。それをみてみると、笛・太鼓・鼓・鞨鼓・棒をもつ人物たちのすがたがみられるが、なかでも目をひくのは、そこに鷺の仮装をしたふたりの人物が描かれている点であろう。

このような場面がもし事実を伝えているのだとすれば、戦国時代に内裏でおこなわれていた左義長（三毬打）には鷺のすがたもみられたことになる。しかも、この大黒による囃は、江戸時代でもおこなわれており、先の『由緒書』にみえる年代と近い時期、たとえば、『御湯殿上日記』寛永二一年（一六四四）正月一八日条にも、「御左義長、大黒参りて囃しまいらする」との記事を見いだすことができるのである。

残念ながら、左義長における大黒の囃を「鷺舞」とよんでいたのかどうかについてはさだかではない。ただ、『由緒書』の記述を信じるかぎり、「習い来」たったのは祇園会の笠

写真23　左義長（『月次風俗図扇面流し屏風』光円寺所蔵）

鷺鉾ではなく、この大黒による囃だったのではないかと考えることはできそうである〔河内将芳　二〇二〇a〕。

実際、そのような目で『月次風俗図扇面流し屏風』をみてみると、鷺・笛・太鼓・鼓・鞨鼓・棒など、現在、津和野でみることのできる「鷺舞」とも酷似している。これを単なる偶然とみるにはあまりにも不自然といえよう。

このように、現在みられる津和野祇園会の「鷺舞」は、直接的には戦国時代や江戸時代に伝えられたものの系譜をひくと考えられる。ただ、その源流が山口祇園会にあるとすれば、津和野祇園会もまた、室町時代の祇園会が伝えられたものとみることはゆるされるであろう。

室町時代の息吹を伝える

それにしても、山口祇園会の「鷺の舞」にせよ、また、津和野祇園会の「鷺舞」にせよ、それを習得するのにそれなりの時間と技能が必要とされる風流がなぜ伝わることになったのであろうか。

もちろんこの問いに対するこたえもむずかしいといわざるをえない。ただ、数ある風流のなかでも、笠鷺鉾がそれを伝えようとするものたちの目をひく存在であったことだけはまちがいないであろう。

とすれば、なぜ笠鷺鉾は人びとの目をひくものになったのだろうか。このことを考えるうえで手がかりと思われるのもまた、室町時代の祇園会のすがたを描いた唯一の絵画史料とされる『月次祭礼図屛風』（模本）（東京国立博物館所蔵）の存在である。そこには笠鷺鉾のすがたもみられるが、ここで注目するのは、そのまえを乗牛風流がすすむすがたで描かれているという点である。

室町時代、乗牛風流とおぼしき「牛背」に「毗(毘)沙門堂鷺舞」が「扈」っていたことは、第二章でみたとおりである。また、戦国時代のものながら、乗牛風流を意味する「ウシノ、リの後、山渡る」と『言国卿記』文亀元年（一五〇一）六月一四日条が記すように、乗牛風流は一四日の山鉾をあたかも先導するような役目をになっていた。

そして、このふたつの風流が『月次祭礼図屛風』（模本）においては先頭をすすむすがたで描かれているわけだが、これがもし事実を伝えているとするなら、室町時代の一四日の山鉾巡行においては、そのすがたはおのずと目をひくことになったであろう。なにしろ、このふたつの風流がすすまなければ、一四日の山鉾は動くことができなかったと考えられるからである。

実際、その存在の重要性は幕府も認識していたようで、明応九年（一五〇〇）の再興以降、数年にわたって幕府は、「大舎人のともがら」に「神役」にしたがうよう命令を出しつづけたことが知られている（河内将芳 二〇一二）。

結局のところ、「大舎人のともがら」が「神役」にしたがうことはなく、その結果、笠鷺鉾も再興されることはなかったわけだが、乗牛風流が文亀元年のみにかろうじて確認できることからもうかがえるように、室町時代の一四日の山鉾巡行には、笠鷺鉾と乗牛風流は不可欠な存在とみとめられていたのであろう。

このようにしてみると、いかに時間と技能が必要だったとしても、笠鷺鉾は、それを目の当たりにしたものにとっては何としても伝えたいと思わせる風流であったことがうきぼりとなってくる。そして、その笠鷺鉾が京都では失われてしまったいっぽうで、山口と津和野ではかたちをかえつつも今にいたるまで伝えられてきた意義はやはり大きいといわざるをえないであろう。室町時代の祇園会の息吹を伝える貴重な存在と考えられるからである。

2　南都祇園会

祇園社の勧請

山口祇園会と津和野祇園会は、室町時代の祇園会の息吹を伝えるものであったが、それらとは対照的に、室町時代にはおこなわれていたにもかかわらず、現在は残されていない祇園会も存在する。室町時代の畿内においては、京都につぐ大都市であった奈良でおこなわれていた南都祇園会がそれである〔河内将芳　二〇一二〕。

奈良の地に祇園社が勧請されたのは、南北朝時代、建武五年（一三三八）のことと考えられる。江戸時代に編纂された『東大寺雑集録』という記録に「祇園社、建武五年六月五日、転害（手搔）北の塚に影向すと云々」とみえるからである。

この点、『東大寺雑集録』より成立が古い永享一一年（一四三九）付の『東大寺執行所日記』でも、「建武五年六月八日」のところに「祇薗（園）御影向のあいだ、御社新造につき」との記事がみえる。『東大寺雑集録』の記事とは若干日にちは異なるものの、建武五年六月に神社が「新造」されたことはまちがいないといえよう。

なお、現在みることのできる八阪神社（祇園社）（写真24）は、「転害（てがい）」（東大寺転害門、あるいは手掻郷、手貝郷）より南側に位置する（図6）。おそらくは、ある時期以降に移されたのではないかと考えられるが（『奈良坊目拙解（ならぼうもくせっかい）』）、ただ、それでも、東大寺領内であることにはかわりはない。これらのことから、奈良への祇園社勧請は東大寺によるものであったことがあきらかとなろう。

写真24　奈良の八阪神社

南都祇園会のはじまり

それでは、祇園社が東大寺領内に勧請されてからすぐに祇園会ははじめられたのだろうか。じつは、そうではなかったと考えられる。というのも、『東院毎日雑々記（とういんまいにちざつざつき）』の応永一〇年（一四〇三）六月一四日条にみられる「祇園会これあり」との記事が、南都祇園会の初見と考えられるからである。

建武五年からかぞえておよそ六〇年の間

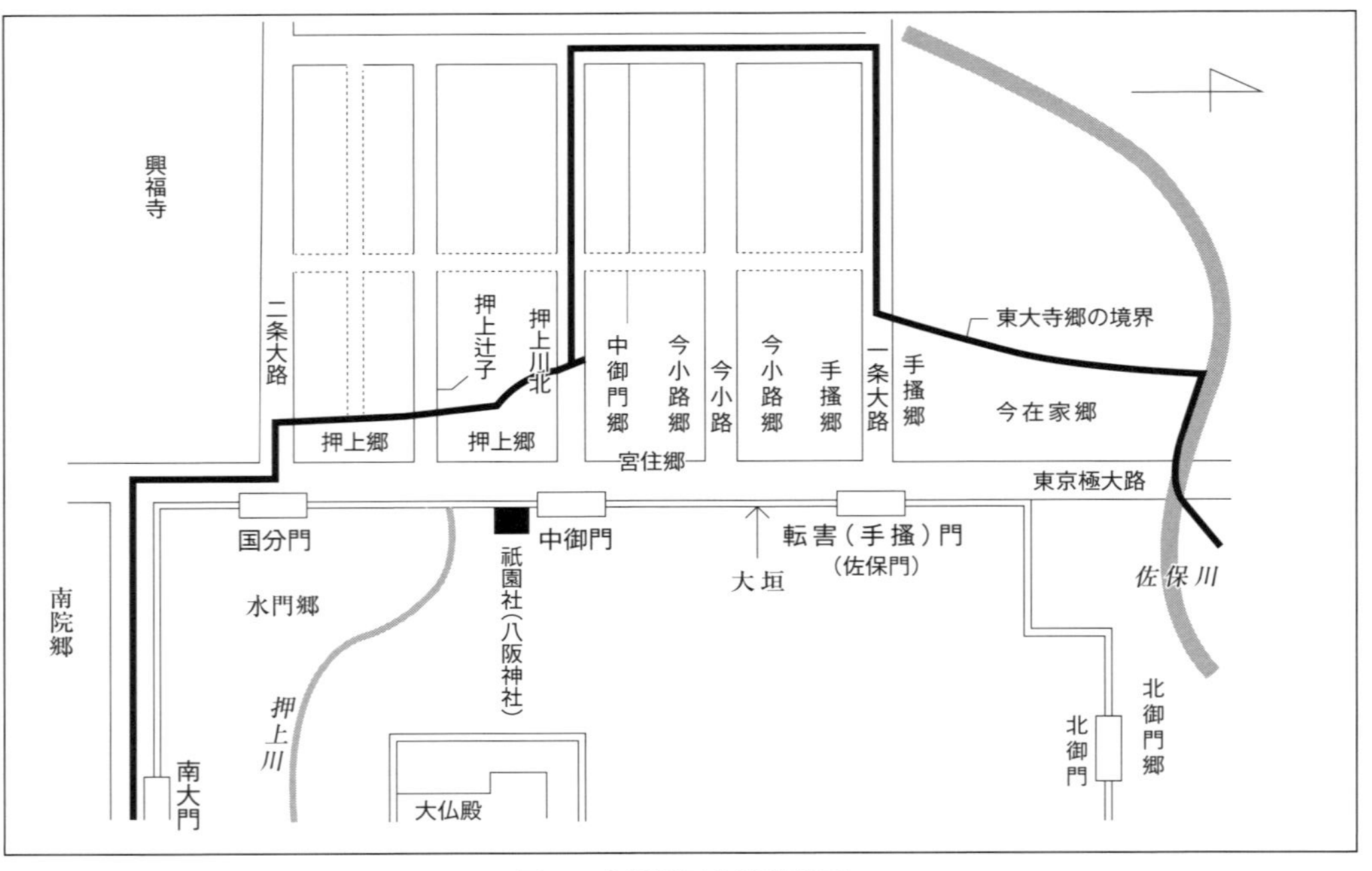

図6　南部祇園会関係地図

（森田竜雄「中世南都の郷・郷民・寺僧——鎌倉～南北朝期を中心に——」〈仁木宏編『都市——前近代都市論の射程——』［青木書店、2002年］〉所収図を加工）

隔が単なる史料不足なのか、それとも別の理由によるものなのかについてはさだかではない。しかしながら、それからおよそ二〇年たった応永三一年（一四二四）ころになると、祭礼が見物の対象にもなっていたようすをうかがうことができる。

たとえば、伏見宮貞成の日記『看聞日記』応永三一年六月二二日条に「去る南都祇園会のとき」「傾城の美女」に「咲」われた「田舎人」が、「くだんの美女ならびに亭主の傾城ら殺害」「切腹」したことをきっかけにして「田舎人方人大勢」と「南都の土民ら」とのあいだで「喧嘩」がおこったとの事件が記されているからである。

ここからは、南都祇園会が、「南都の土民ら」や「田舎人」もよびよせるほどにぎやかになっていたことがあきらかになる。と同時に、おそくとも室町時代には祭礼がはじまっていたことも知られよう。

もっとも、『看聞日記』にみえる記事では、祭礼の中味までをうかがうことはできない。また、その後、永享四年（一四三二）の史料（『御前落居奉書』）に「東大寺領郷内祇園会」とのことばが見いだせるものの、そこでも祭礼のようすはわからない。

結局のところ、そのようすが多少なりともわかるようになるのは、これからさらに一〇年たった嘉吉二年（一四四二）のことになる。

一、壬戌六月十四日、祇園会、東大寺出仕、今小路は山、余郷は舞車、

これは、『東大寺雑集録』におさめられた記事だが、「壬戌」という干支が前後の関係から嘉吉二年と判断できるため、同年の祇園会を書きとめたものであることがわかる。

ここからは、南都祇園会の式日が六月一四日であり、そして、そのさいには「山」や「舞車」といった風流が、「今小路」や「余郷」など郷単位で出されていたことが読みとれる。ここでいう郷とは、のちに町とも記されることからわかるように、京都の町に類似した地縁的な共同体や社会集団へとつながる存在と考えられる。

また、六月一四日という式日は、京都の祇園会と重なるが、ただ、京都の場合、風流としての山鉾は一四日だけではなく、七日にも出されている。この点、南都祇園会の場合、残された史料によるかぎり、六月一四日以外に祭礼がおこなわれた形跡がみられない。また、神輿渡御がおこなわれていたのかどうかも史料ではわからない。

ただ、それでも京都の祇園会と同じように山の存在がみられる以上、疫神を鎮め送ることを目的としていたものであったことはあきらかといえよう。その山や舞車といった風流

については、つぎのような史料も残されている。

一、山は手害（手掻）町、今小路町、中御門（なかみかど）町、押上（おしあげ）町、
　この四郷に廻りて作るなり、またこれへ枝郷（えだごう）とて加わる町これあり、
　（中略）

一、舞車一郷に一つずつこれありて、この舞車にて八撥を打つなり、
　八撥打つ子を、道は地下の笠鉾の下を肩きまにのせて、肩の上にて舞の手を
　する体して道行きなり、

これもまた、『東大寺雑集録』の記事である。ここからはまず、南都祇園会の風流として山と舞車のほか、「笠鉾」も出されていたことが読みとれる。先にもふれたように、『東大寺雑集録』は江戸時代に編纂されたものだが、その内容について信憑性を確認するため、同時代に書かれた古記録などもまじえて一覧にしてみると表8のようになろう。

この表8によって、同時代史料においても山や舞車、そして笠などが出ていたことがあきらかとなる。と同時に、そのうちの山の内容については、「源三位頼政鵺（ぬえ）を射たるところ」や「綱鬼手切りたるところ」というものであったことも知られよう。

京都の祇園会とは異なり、南都祇園会は応仁・文明の乱後もおこなわれるが、そこで出された山の内容については、『東大寺雑集録』などに「守屋」（文明三年、一四七一年）、「弘取判官」（文明六年、一四七四年）、「感陽宮山」（文明九年、一四七七年）、「橋弁慶」（文明一一年、一四七九年）、「八剣山」（文明一七年、一四八五年）、「清重山」（長享二年、一四八八年）、「項羽山」（明応三年、一四九四年）、「石山悪源太」（『多聞院日記』永正二年、一五〇五年）、「羅城門両山」（永正八年、一五一一年）、「梶原二度ノ掛」（大永三年、一五二三年）とみえる。ここからは、そのほとんどが能楽から題材をとった造物であったことが知られよう。

第二章でもふれたように、京都の祇園会では室町時代の段階で造物や風流の内容が固定しつつあった。それに対して南都祇園会では、年どしによってその内容に変化がみられたことがあきらかとなる。

疫病をおこす疫神（御霊）を鎮め送るという風流本来のありかたからすれば、京都の祇園会のように固定するほうがむしろ異例とされている。したがって、南都祇園会の山は、本来のありかたを伝えるものであったといえよう。

表8　南都祇園会一覧

年	月日	関係記事（抄）	転害	今小路	中御門	押上	備考	典拠
建武五年（一三三八）	六月五日	祇園社、転害北の塚に影向す						東大寺雑集録
応永一〇年（一四〇三）	六月一四日	祇園会これあり						東院毎日雑々記
応永三一年（一四二四）	（六月一四日）	南都祇園会						看聞日記
永享四年（一四三二）	（六月一四日）	東大寺領郷内祇園会						御前落居奉書
嘉吉二年（一四四二）	六月一四日	祇園会	舞車（なしか）	山	舞車	舞車		東大寺雑集録
嘉吉三年（一四四三）	六月一四日	祇園会これなし						経覚私要鈔
宝徳元年（文安六年、一四四九）	六月一四日	奈良祇園会かたちのごとくこれあり						経覚私要鈔
		昔は祇園会のとき、山上の定布袋とて毎年渡る						東大寺雑集録
康正三年（一四五七）	六月一四日	手害において祇苑会あり	笠ばかり					経覚私要鈔
長禄二年（一四五八）	六月一四日	輾磑祇薗会これあり						大乗院寺社雑事記

年	月日	関係記事（抄） 転害	今小路	中御門	押上	備考	典拠
寛正三年（一四六二）	六月一四日	東大寺祇薗会これあり					
		山（綱鬼手切りたるところ）・舞車					経覚私要鈔
			車		車	車前後相論	大乗院寺社雑事記
			山（車）		山（車）	山（車）押論、山四これあり	経覚私要鈔
		山（源三位頼政鵺を射たるところ）				今小路と押上と舞車前後相論	東大寺法花堂要録
		山					東大寺雑集録
寛正五年（一四六四）	六月一四日	東大寺御霊会					
		舞車二両、山一渡る				車先前相論、中御門・押上	大乗院寺社雑事記
			山（ミヲノヤ）				東大寺雑集録

山・舞車・笠

もっともそのいっぽうで、南都祇園会の山は、京都のように各郷（各町）から毎年出されるものではなく、「手害（手掻）町、今小路町、中御門町、押上町」の「四郷」によって「廻りて」、つまりは「各年」（隔年）（『大乗院寺社雑事記』文明一一年六月一四日条）で出されていたところに特徴がみられる。

これら「四郷」は、東大寺大垣の西側、東京極大路に沿って北から順に所在し、現在でも同じ町名が残されている（図6参照）。その「四郷」からなぜ山が隔年で出されることになったのかという理由までを先の史料は記していない。ただ、「枝郷とて加わる町」があったとも記されており、「枝郷」として援助にあたる郷（町）の存在が知られる。

この点から推せば、山を出すことにはかなりの経済的負担があったと考えられる。おそらくは、そのような経済的な問題が隔年に山を出す理由のひとつであったのかもしれない。

いっぽう、このような山とは対照的に、「一郷に一つずつ」出されていたのが舞車である。先にみた嘉吉二年の史料に「今小路は山、余郷は舞車」と記されていたのはこのためである。この舞車が京都の祇園会でみられた久世舞車とどのように異なるのかといった点はむずかしいところだが、「子」が舞車で「八撥」（鞨鼓）を「打」ち、舞っていたことはまちがいないであろう。あるいは、京都の祇園会で今でもみられる長刀鉾の鞨鼓稚児舞のようなすがただったのかもしれない〔山路興造　二〇〇九〕〔福原敏男　二〇〇六〕。

また、「八撥打」つ「子」は、舞車に乗らないときは「地下の笠鉾の下を」「肩の上にて舞の手をする体して道行」くと記されている。ここから笠鉾も、各郷から出されていたことが知られよう。

実際、それを裏づけるように、興福寺大乗院門跡であった経覚の日記『経覚私要鈔』康正三年（一四五七）六月一四日条には、「笠ばかり」と笠鉾だけが出された年もあったと記されている。

もっとも、これは、のちにふれるように、舞車が出されなかったためそのようになったわけだが、同じ記事には、「笠ばかり」が「早旦渡」ると記されており、南都祇園会でも山・舞車・笠など風流は早朝に渡ったことがあきらかとなろう。

なお、これら風流がどこを渡ったのか、残念ながらそれを明記する史料にはめぐまれない。ただ、疫神を鎮め送ることを念頭におくなら、東京極大路を二条大路あたりから一条大路あたりまで北上する直線コースをすすんだのではないかと考えられる。あるいは、その北側には佐保川が流れているので、風流は疫神とともにそこまですすんだとも考えられよう。

舞車相論と探取

ところで、よく知られているように、京都の祇園祭では、現在でも山鉾巡行に先立って毎年、鬮取（籤取）がおこなわれている。その目的は、山鉾巡行の順番を混乱なく決めるためだが、その起源は、史料によるかぎり、明応九年（一五〇〇）に再興されて以降と考えられる。

いっぽう、南都祇園会では、「一郷に一つずつ」出される舞車の順番をめぐって相論がおこり、それにともない鬮取（奈良では探取（さぐら）という）がおこなわれたことが知られる。その発端は、表8によれば、寛正三年（一四六二）であったが、そのようすを『東大寺法花堂要録（とうだいじほっけどうようろく）』という記録にみえる、つぎの記事から読みとっていくことにしよう。

一、六月十四日、祇薗（園）会あり、山手搔、源三位頼政鵺を射たるところなり、また今小路と押上と舞車押すこと、いずれ前後の論あり、当寺（東大寺）成敗のことあいだ、筒井殿（つついどの）勢を中御門まで出だして、東大寺御支をし、尊勝院殿御儀分（そんしょういんどのおんぎぶん）にて、中御門・今小路・押上、三郷探を祇薗（園）殿にて取りて落居（らっきょ）せり、手搔は本郷とて論におよばず、

これによればまず、この年、山を出したのは「手搔」郷であり、その風流は「源三位頼政鵺射たるところ」であったことがわかる。先にみたように、山は隔年で一郷だけが出すことになっていたため、その順番が問題になることはなかった。

また、山については、隔年にどの郷が山を出すのかという順番も「山押し次第は、転害（手搔）・今小路・中御門・押上、かくのごとく各年の沙汰なり」（『大乗院寺社雑事記』文明一一

年六月一四日条）とあり、郷の所在地に対応して北からとさだめられていた。

これを「北次第」（同上）、「山次第」（『多聞院日記』永正二年六月一三日条）とよんでおり、かなり整然としたルールのあったことが知られる。それに対して舞車のほうは、なんらのルールもなかったようで、しかも、一度に複数出されるためその順番をめぐって相論がおこることになった。

このとき、その相論（「舞車押すこと、いずれ前後の論」）をくり広げていたのが、今小路郷と押上郷である。そこで、東大寺では相論を「成敗」しようとしたところ、「筒井殿」の軍勢が「中御門」までやってきたため、「御支」（防ぎとめ）をし、ときの東大寺別当尊勝院の「御儀分」（道理）によって、「祇薗（園）殿」（祇園社）で「探」（鬮、籤）を取らせることで「落居」（解決）させた、というのが右の史料から読みとれる内容である。

ただし、興福寺側の史料をひもといてみると「落居」のしかたには違いがみられたようである。というのも、『大乗院寺社雑事記』寛正三年六月一四日条では「彼寺（東大寺）として成敗せしむといえども、事ゆかざるのあいだ、当寺（興福寺）衆中として、蜂起集会をなし成敗におよびおわんぬ」とあり、また、『経覚私要鈔』同日条でも、「官符衆徒成敗せしむ、探をもって治定す、今小路一の探を取るのあいだ、先に押しおわんぬ」とみえるからである。

ここにみえる「衆中」「官符衆徒」とは、興福寺衆徒の代表を意味し、「筒井殿」（筒井氏）などがそれにあたる。したがって、興福寺側の史料では、その官符衆徒が採を取らせて「成敗」したことになろう。

実際に「成敗」をおこなったのが、東大寺だったのか、あるいは興福寺の官符衆徒だったのかについては、残された史料だけでは判断がむずかしい。ただ、少なくともこのときの採によって今小路郷が「先」となったことだけはまちがいないといえよう。

採を取らない手掻郷

このとき相論をくり広げたのは、今小路郷と押上郷であったが、『東大寺法花堂要録』では、採は中御門郷をまじえて「三郷」で取ったとされている。もっとも、この点についても、『大乗院寺社雑事記』同日条では「両郷採これを取る、今小路一番に渡る」とあり、今小路郷と押上郷の「両郷」で採を取ったとされている。実際はどうだったのか、これも判断のむずかしいところだが、それでもここからは残る手掻郷が採を取らなかったことはあきらかとなろう。

このとき手掻郷が採を取らなかったのは、この年、手掻郷が山を出していたこともさることながら、「手掻は本郷とて論におよばず」と『東大寺法花堂要録』に記されているように、手掻郷が「本郷」であり、もともと順番争いの対象ではなかったためと考えられる。

ここでいう「本郷」が何を意味するのか、これだけではわからない。ただ、南都祇園会がしばしば「転害（手掻）祇園会」とよばれ、山を出す順番が「北次第」と決められていたことなどをふまえるなら、ある程度の優位性が手掻郷にはみとめられていたのであろう。

ちなみに、京都の祇園会では、鬮取らず（籤取らず）といって、いくつかの山や鉾の順番が固定されていたことが知られている。南都祇園会では、あるいは手掻郷が同じような位置づけをなされていたのかもしれない。

そういえば、この年を含めて確認できる舞車相論は、今小路郷・中御門郷・押上郷の三郷にかぎられている。しかしながら、より注意ぶかく史料をみてみると、手掻郷は山を出しても舞車を出した形跡がみられないことにも気がつく。

どうやら、手掻郷は舞車を出さなかった可能性のほうが高く、それを裏づけるように、この寛正三年から二年後の寛正五年（一四六四）に中御門郷と押上郷とのあいだで舞車相論がおこり、探によって中御門が「一番」と決したさいにも、「舞車二両、山一渡る」であったと『大乗院寺社雑事記』同年六月一四日条は記している。

このとき、山を出していたのは今小路郷だから、「山一」は今小路郷の山となり、「舞車二両」も中御門郷と押上郷の舞車となる。手掻郷が舞車を出していなかったことはあきらかといえよう。

もっとも、このときは山を出していた今小路郷も舞車を出していないようなので、手掻郷をのぞいた三郷でも、そのうちの一郷が山を出すときには、その郷は舞車を出さなかったと考えられる。

ここでなぜ、このように山と舞車の出されかたについてこだわるのかといえば、じつはこれらの組み合わせによって、舞車相論をめぐる状況にも大きな違いがみられたと思われるからである。

舞車相論を解決するために探を取るとはいっても、三郷で取るのと二郷で取るのとでは、それだけでも状況が異なる。当然、三郷より二郷で取るほうがはるかに競争がはげしくなり、たとえ鬮取が神意を示すものだったとしても〔瀬田勝哉　一九八二〕、現実にはしこりを残すことも少なくなかったであろう。

実際、寛正五年からおよそ一五年たった文明一一年（一四七九）六月一四日にも押上郷と中御門郷とのあいだで舞車相論がおこるが、このときは中御門郷が寛正五年の探によって「行く末治定」したので探を取る必要がないと主張（『大乗院寺社雑事記』同日条）、その結果、「両郷風流止」（同上）まるという事態にまでおちいることになった。

その影響は、およそ三〇年にもおよび、その間は山一基と笠鉾のみが巡行することになる。鬮取がけっして万能というわけではなかったことが知られよう。

失われた南都祇園会

残された史料によるかぎり、南都祇園会は、戦国時代の大永三年（一五二三）六月一四日までおこなわれたことが確認できる。興福寺大乗院門跡経尋（きょうじん）の日記『経尋記（きょうじんき）』同日条に「祇薗（園）会これあり」とみえるからである。

『東大寺雑集録』でも同様であり、大永三年に「押上」郷が「梶原二度ノ掛」の山を出し、「この以後これなし」と記されている。ところが、同じ『東大寺雑集録』には、つぎのような記事もみることができる。

南都祇園会は永禄十年まで恒例これをおこなうといえども、十月十日、松永弾正少弼（久秀）、三好左京大夫（義継）と合戦のとき、大仏殿兵火、そのみぎり類炎す、

これによれば、南都祇園会は、永禄一〇年（一五六七）までおこなわれていた。ところが、その年の「十月十日」におこった「松永弾正少弼（まつながだんじょうしょうひつ）」久秀（ひさひで）と三好氏との合戦により「大仏殿」が焼亡、そのとき祇園社も「類炎」（類焼）したために祭礼も失われたという。

永禄一〇年一〇月一〇日に松永久秀が三好氏と合戦におよび、そのさい大仏殿が炎上したことは事実である（『多聞院日記』同日条）。しかしながら、久秀と戦ったのは、「三好左（さ）

京大夫」義継ではなく、久秀や義継と敵対する三好三人衆であるから、右の記事の信憑性もゆらぎかねない。ただ、どのようなかたちで南都祇園会がつづいていたとしても、祇園社の類焼は、祭礼の歴史に終止符を打つことにはなったであろう。

実際、江戸時代の貞享四年（一六八七）の奥付をもつ『奈良曝』には、「祇薗（園）牛頭天王　祭六月十四日、押上町にあり、（中略）むかしは手牒（搔）の会とて六月十四日ことに大まつりありし、（中略）今はこのまつりたえてなし」と記されている。神社は再興されたものの、江戸時代には「まつり」がおこなわれていないというこの事実が、南都祇園会が失われてしまったことをなにより示していよう。

おわりに

祇園会の再興

山口祇園会と津和野祇園会が、室町時代の息吹を今に伝えているのに対し、南都祇園会は戦国時代までつづけられていたにもかかわらず、そのすがたはまったくといってよいほどに伝えられていない。

それでは、本家本元というべき京都の祇園会は、その間、安泰だったのかといえば、けっしてそうではなかった。文安六年（宝徳元年、一四四九）以降には式日の混乱が頻発、そして、応仁元年（一四六七）におこった応仁・文明の乱にともない三三年間にもわたって中断を余儀なくされるからである。

この三三年という年月がいかに長いものであったのかといえば、たとえば、明応九年

（一五〇〇）の再興を伝える九条尚経の日記『後慈眼院殿御記』六月七日条にみえるつぎのような記事からもみてとることができる。

> 近年中絶せしむ祇薗（園）御霊会再興すと云々、三十六年これなし、しかれども当年またこれあり、諸家、桟敷を構う、万人市をなすと云々、おのおの見物のともがらいわく、前年の風流の十分の一におよばずと云々、

文中にみえる「三十六年これなし」とあるのはあやまりであり、実際は三三年であったが、尚経がこのように書きあやまるのも無理はなかった。というのも、尚経が生まれたのは、応仁二年（一四六八）一一月であり、明応九年に再興された祇園会は、数え年「三十三」（『公卿補任』）の尚経にとっては、生まれてはじめて目にしたものだったからである。

また、「前年の風流の十分の一におよばず」というのもあやまりだが、それは「見物のともがら」の話を鵜呑みにしたためであろう。人の記憶も三〇年もたつといかにあやしいものであったのかがしのばれる。それに対して、近衛政家が記した日記『後法興院記』六月七日条にはつぎのように記されている。

甚雨(じんう)たるといえども、山鉾渡りおわんぬ、山廿五、鉾一なり、一乱以前のごときにあらず、もっとも略儀なり、

近衛政家は、このとき数え年「五十七」（『公卿補任』）。応仁・文明の乱前のことも見知っている政家は「飛鳥井宰相(雅俊)」が構えた「桟敷において」見物し、目のまえを通りすぎる山や鉾をひとつずつ数えたのであろう、山が「廿五」基、鉾が「一」基あったと記している。

これと『祇園会山鉾事』に記された数とが一致することは、第二章でもふれたとおりだが、しかしながら、乱前を知る政家にとっては、「十分の一におよばず」とまではいえないものの、「一乱以前のごときにあらず、もっとも略儀」といわざるをえないものであった。

いっぽう、一四日のほうも『後法興院記』六月一四日条には、「祇園会去る七日のごとしと云々、ただし、山十ほか鉾なし」とみえる。これも、『祇園会山鉾事』にみえる数と重なることはすでにふれたとおりであり、これらのことから、「はじめに」でのべたように、室町時代の祇園会がもっとも盛大であったと考えた次第である。逆にその再興がいかに困難をともなうものであったのかもうかがうことができよう。

なぜ明応九年に再興されたのか

それではなぜ再興は、明応九年（一五〇〇）だったのだろうか。この点については、これまで応仁・文明の乱後の復興とそれにともなう地下人（いわゆる「町衆」）の成長を関連づけて語られることも少なくなかった〔林屋辰三郎　一九五三〕。

しかしながら、応仁・文明の乱終結からかぞえてすでに二三年の年月がたっており、しかも、地下人の成長に二三年という時間が必要だったという理由も説明されていない以上、それをそのまま信用するわけにはいかないであろう。

いっぽう、明応九年五月にみられた「都鄙疫病興盛（とひえきびょうこうじょう）」（『後法興院記』五月一四日条）への対策として幕府が祇園会再興を敢行したとのみかたもある〔早島大祐　二〇〇六〕。たしかに眼前でひろがる「疫病興盛」に対して幕府や地下人らが何らかの対処をおこなおうとしたとみることは可能である。

しかしながら、事態の深刻さからいえば、これより先、延徳四年（明応元年、一四九二）四月から五月にかけてみられた「世間病気もってのほか興盛」（『後法興院記』四月二九日条）、「近日一天疫病もってのほか」「洛中洛外、あるいは病、あるいは餓死者・疾者、道路に満ち、郊野に満つ」（『和長記（かずながき）』五月二一日条）といったありさまのほうがはるかにうわまわるものであっただろう。

実際、それを裏づけるように、「諸人病事もってのほか」「かくのごときときは、改元もっともしかるべき」（『親長卿記』五月一日条）との申し入れをうけ、延徳四年は明応元年へと改元されている。

祇園会を再興するのであれば、これ以上の機会はないように思われるのだが、事実はそれからおよそ八年もの年月を必要とすることになった。とすれば、明応九年という年に目標をさだめなければならない何らかの理由があったとみるほうが自然であろう。

中京火事と神勅

そこで注目されるのが、応仁・文明の乱終結後の明応三年（一四九四）にあらわれた、「先年一乱の後に、ことを左右に寄せ、一度闕の儀をもって、三十三箇年停むべきのよしを称して、霊会をおこなわざるの旨、もっとも腹立ちなり」との祇園の神の「神勅」（神のお告げ）（『後慈眼院殿御記』八月一四日条）である（河内将芳 二〇一二）。

この「神勅」からは、明応三年という年に、「先年一乱」（応仁・文明の乱）の後、混乱にまかせて「霊会」（祇園御霊会、祇園会）が一度「闕」（停止）されるということであったのが、いつのまにか「三十三箇年」停止されようとしている状況に祇園の神が「腹立ち」していたことが読みとれる。

この「神勅」は、同年七月六日に下京をおそった大火事にかかわってあらわれた「恠異」を九条尚経が記したものである。当該の大火事は、「中京火事」ともよばれ、下京の中心部に甚大な被害をおよぼしたことでも知られているが、その焼亡範囲は、東は室町、西は堀川、南は五条坊門、北は三条坊門（『後慈眼院殿御記』七月六日条）、あるいは、東は烏丸、西は堀川、南は五条、北は四条（『後法興院記』同日条）におよぶ、まさに祇園会山鉾をになう地域をほぼ全焼させるものであった（河内将芳 二〇一二）。

そのこともあって、「今度の火災は、これひとえに祇薗（園）の御祟りなり」（『後慈眼院殿御記』八月一四日条）とみなされ、「祇苑（園）において、御湯たてまつるのとき」（同上）にくだされたというのが先の「神勅」だったのである。

三十三箇年

このことにおそれをいだいた「中京の地下人ら」は、祇園社へ八月「七日」に「風流して参詣」、「また今日風流を構えて参」ったと『後慈眼院殿御記』八月一四日条は伝えているが、ここでとくに注目しなければならないのは、「神勅」にみえる「三十三箇年」という年数であろう。

というのも、この年数に注目してみると、同じ『後慈眼院殿御記』同年一二月一六日条にみえる「今日日吉祭礼あるべし、去る四月に延引す、これ旧冬、土一揆のため神輿炎上のゆえなり、ここに一年闕如せば、かならず卅三ケ年停廃のあいだ、まずかたちのごとく勤むべし」との記事にも目がとまることになるからである。

どうやら、この年、明応三年は、祇園会と「日吉祭礼」にかかわって、「三十三箇年」「卅三ケ年」（三三年）という年数がクローズアップされていたことがわかる。もっとも、ここでなぜ三三年という年数が問題となっているのか、その理由まではわからない。ただ、「日吉祭礼」のほうにみえる、「ここに一年闕如せば、かならず卅三ケ年停廃のあいだ、まずかたちのごとく勤むべし」（一年でも祭礼を欠くようなことになれば、かならずそれは三三年停止に追いこまれることになるであろう、だから、なんとしても形式どおりおこなわれなければならない）という一文は、裏をかえせば、一旦停止となった祭礼は、少なくとも三三年以後にはかならず再興される、というよりむしろ再興されなければならないと読むことも可能といえよう。

このことをふまえて、祇園会が停止に追いこまれた応仁元年（一四六七）から三三年を加えてみると、ちょうど明応九年（一五〇〇）になる。また、幕府による祇園会再興の動きも、これより少しまえの明応五年（一四九六）からにわかに祭礼が「三十余年におよび退転」（『祇園社記』第一六）していることを意識し、あわただしくなりはじめたことが確認できる。

　そして、その動きは、明応九年に入ってから切実さを増し、「神事退転しかるべからざるのあいだ、非例たるといえども」とか、「たとい日吉祭礼など遅滞あるといえども、当社の儀においては、厳密に下知を加え、神事をもっぱらにせらるべし」（『祇園社記』第一六）といった強引ともいうべき口調でもって祇園社に対し、くりかえし祭礼再興をうながすようになっていったこともあきらかとなるのである。

　ここで、わざわざ「日吉祭礼」のことをもち出しているのは、この直前に延暦寺「根本(こんぽん)中堂閉籠衆(ちゅうどうへいろうしゅう)」が、日吉「小五月会以下神事抑留のうえは、祇園会のこと、抑留あるべし」（『八坂神社文書』）との圧力を祇園社へかけたことに対応したものである。

　ここからは、室町時代以来の「日吉祭礼」や延暦寺との関係を振り切ってまで祇園会再興に幕府が邁進していたことが知られる。とともに、先の「神勅」にこたえるべく何が何でも応仁元年からかぞえて「三十三箇年」のうちに再興を実現しようとしていた幕府の焦りも読みとることができよう。

恠異と奇跡

　このように、性急ともいうべき動きを幕府がみせた背景として重要と思われるのは、先の「神勅」を九条尚経が「恠異」（怪異）と記している点である。なぜなら、中世における恠異とは、オカルト現象などではけっしてなく、むしろ、すぐれて政治性をおびた現象として、朝廷や幕府など、当時の世俗権力は、それに対する何らかの対処をもとめられたからである〔西山克　二〇〇三〕。

明応三年といえば、前年の明応二年（一四九三）の政変により、細川政元が幕府の実力者となってわずかな月日しかたっていない時期にあたる。そのようなときに、先のような「恠異」があらわれれば、政元や幕府でなくとも、敏感になったとしてもけっして不思議ではないであろう。まして、政元といえば、「常は魔法をおこないて、近国・他国を動か」（『細川両家記』）すとまでいわれた人物として知られている。その焦燥感は相当なものであったのかもしれない。

もっとも、ここで注意しておかなければならないのは、『後慈眼院殿御記』にみられる「神勅」や「恠異」については、今のところ、ほかの史料で補強することができていない点である。したがって、右のようなみかたもひとつの考えにすぎないわけだが、ただ、室町時代以来の先例を無視してまで幕府が明応九年という年に祇園会を再興させた動機としては一定の説得力をもつのではないだろうか。

いずれにしても、こうして京都の祇園会は明応九年に再興された。しかしながら、その再興された祇園会が、応仁・文明の乱よりもまえの室町時代のものと大きく異なることは、ここまでみてきたことを思いかえせば、一目瞭然といえる。しかも、室町時代以来つづいてきた「日吉祭礼」や延暦寺との関係を無視してまで強引に再興されたため、乱前におこっていた式日の混乱もそのままひきずることになった。

戦国時代の祇園会には、はじめからいばらの道が待ちうけていたわけだが、ただ、その再興にいたるようすをながめたとき、祭礼がつづけられ、伝えられていくためには、僥倖(ぎょうこう)とでもいうべき時機の到来とそれをまえへと突き動かす大きな力、そして、それにこたえる人びととがうまく重なりあわなければ日の目をみることはなかったこともあきらかとなろう。

そういう意味では、祭礼が残され、伝えられていること自体が偶然の産物であり、また、奇跡ととらえるべきなのかもしれない。山口祇園会や津和野祇園会の場合も同様であり、逆に南都祇園会と同じような運命をたどった祭礼も数かぎりなくあったことであろう。

関連略年表（山口祇園会、津和野祇園会、南都祇園会の事項も含む）

	和暦	西暦	事項
平安	元慶元年	八七七	疾疫疱瘡がとりのぞかれたことを機に祇園社が勅願社となり、牛頭天王・婆利采女・八大王子の霊躰が安置される
	天延二年	九七四	大政所御旅所が成立、助正が御旅所神主となり、祇園御霊会がはじめておこなわれたと伝わる
	康和五年	一一〇三	列見の辻が三条堀川より三条大宮となる
	保延二年	一一三六	少将井御旅所が成立したと伝わる
	保元二年	一一五七	洛中の富家に馬上役が差定される
鎌倉	寛喜三年	一二三一	朝廷によって祇園御霊会の過差が停止される
	元亨三年	一三二三	馬上役が停止、馬長も闕如する
	元徳三年	一三三一	『祇園社絵図』が成立する
南北朝	建武五年	一三三八	奈良に祇園社が勧請される
	康永四年	一三四五	山と定鉾の史料上の初見
	文和四年	一三五五	足利尊氏・義詮が祇園会を見物する
	貞治三年	一三六四	久世舞車の史料上の初見
	貞治四年	一三六五	笠鷺鉾の史料上の初見、『三鳥居建立記』が成立する
	応安二年	一三六九	山口に祇園社が勧請されると伝わる
	応安三年	一三七〇	神輿渡御がおこなわれないなか京中鉾が巡行する
	応安七年	一三七四	足利義満がはじめて山鉾巡行を見物する
	応永四年	一三九七	このころ以降、祇園会にかかわる馬上一衆・合力神人制が確認される
	応永六年	一三九九	このころ以降、足利義満が京極宿所のみに御成し、祇園会を見物するようになる

時代	和暦	西暦	事項
室町	応永一〇年	一四〇三	南都祇園会の史料上の初見
	応永二一年	一四一四	足利義持による祇園会見物の史料上の初見、以後、細川宿所のみに御成し、見物する
	応永二七年	一四二〇	一四日の笠の史料上の初見、山鉾が仙洞・内裏へ推参することがはじめて確認される
	応永二九年	一四二二	一四日の船の史料上の初見
	応永三二年	一四二五	七日の笠の史料上の初見
	正長元年	一四二八	足利義教がはじめて祇園会を見物する
	永享四年	一四三二	これ以降、足利義教が京極宿所のみに御成し、祇園会を見物するようになる
	永享八年	一四三六	北畠笠鷺鉾・大舎人鉾が伏見殿・内裏へ推参することがはじめて確認される
	永享一一年	一四三九	馬長がこのころにはすがたを消す
	嘉吉二年	一四四二	南都祇園会において山・舞車の存在が確認される
	文安五年	一四四八	七日の船の史料上の初見
	文安六年	一四四九	これ以降、神輿渡御の延引に山鉾巡行も連動し、式日の混乱がはじまる
	宝徳三年	一四五一	足利義政が烏丸殿にて山鉾巡行を見物し、仙洞・内裏も見物する
	長禄元年	一四五七	これ以降、足利義政が京極宿所のみに御成し、祇園会を見物するようになる
	長禄三年	一四五九	山口祇園会がはじまると伝わる
	寛正三年	一四六二	南都祇園会において今小路郷と押上郷による舞車相論がおこる
	文正元年	一四六六	足利義政が京極宿所に御成し、祇園会を見物する、ただし室町時代最後の祇園会見物となる
戦国	応仁元年	一四六七	応仁・文明の乱がおこり、祇園会も以後三三年間中断する
	明応九年	一五〇〇	三三年ぶりに祇園会が再興される
	大永三年	一五二一	確認される最後の南都祇園会
	天文一一年	一五四一	津和野祇園会の鷺舞がはじまると伝わる

【参考文献】（五十音順）

＊論集に所収された論考については、論集の書誌情報を優先した。また、書籍についても復刻や文庫など入手しやすいほうの書誌情報を優先した。

石原比伊呂『室町時代の将軍家と天皇』（勉誠出版、二〇一五年）
泉万里『中世屏風絵研究』（中央公論美術出版、二〇一三年）
泉万里「田囃子・桂男・乗牛風流――月次祭礼図模本にみる中世の夏――」（小泉和子編『新体系日本史14 生活文化史』山川出版社、二〇一四年）
泉万里「描かれた中世祇園会風流――「月次祭礼図」の図様の系譜とその再生――」（『藝能史研究』二一七号、二〇一七年）
稲田秀雄「やまぐちの祇園祭」（山口県立大学国際文化学部編『大学的やまぐちガイド――「歴史と文化」の新視点――』昭和堂、二〇一一年）
稲田秀雄「狂言に見る祇園会風流――「鬮罪人」を中心に――」（『藝能史研究』二一八号、二〇一七年）
植木行宣『山・鉾・屋台の祭り――風流の開花――』（白水社、二〇〇一年）
植木行宣「山鉾の造形的展開――形成期の祇園会山鉾をめぐって――」（福原敏男・笹原亮二編『造り物の文化史――歴史・民俗・多様性――』勉誠出版、二〇一四年）
植木行宣「下京住民の祇園祭――祇園会と山鉾巡行をめぐって――」（『藝能史研究』二二七号、二〇一九年）
植木行宣・福原敏男『山・鉾・屋台行事――祭りを飾る民俗造形――』（岩田書院、二〇一六年）

大塚活美「中世における祇園祭の地方伝播」（『京都文化博物館研究紀要　朱雀』一三集、二〇〇一年）
大塚活美「室町将軍・異国使節等の祇園祭見物――中世における首都京都の祭礼――」（『京都文化博物館研究紀要　朱雀』一七集、二〇〇五年）
河内将芳『中世京都の民衆と社会』（思文閣出版、二〇〇〇年）
河内将芳『中世京都の都市と宗教』（思文閣出版、二〇〇六年）
河内将芳『祇園祭と戦国京都』（角川叢書、二〇〇七年）
河内将芳『祇園祭の中世――室町・戦国期を中心に――』（思文閣出版、二〇一二年）
河内将芳「室町・戦国期京都における公家衆・衆庶の祇園会見物について」（『藝能史研究』二〇七号、二〇一四年）
河内将芳『絵画史料が語る祇園祭――戦国期祇園祭礼の様相――』（淡交社、二〇一五年）
河内将芳「中世の山口祇園会と京都祇園会――大内氏の在京をめぐって――」（『九州史学』一七四号、二〇一六年）
河内将芳「室町期祇園会における船と定鉾について――室町期祇園会のイメージをもとめて――」（『藝能史研究』二一七号、二〇一七年）
河内将芳「伝えられた祇園祭と鷺舞」（『しまねの古代文化』二七号、二〇二〇年a）
河内将芳「「月次祭礼図屛風」に描かれた室町期の祇園会」（岩永てるみ・阪野智啓・髙岸輝・小島道裕編『「月次祭礼図屛風」の復元と研究――よみがえる室町京都のかがやき――』思文閣出版、二〇二〇年b）
川上貢『日本中世住宅史の研究』（墨水書房、一九六七年）
川嶋將生『室町文化論考――文化史のなかの公武――』（法政大学出版局、二〇〇八年）
倉田尚明「足利義教政権と祇園会」（仏教史学会一〇月例会報告、二〇一九年）

源城政好『京都文化の伝播と地域社会』（思文閣出版、二〇〇六年）
五味文彦『院政期社会の研究』（山川出版社、一九八四年）
桜井英治『室町人の精神』（講談社学術文庫、二〇〇九年）
島根県立石見美術館『特別展　益田氏vs吉見氏――石見の戦国時代――』（島根県立石見美術館、二〇一九年）
下坂守『中世寺院社会の研究』（思文閣出版、二〇〇一年）
下坂守「室町・戦国時代の祇園祭――延暦寺と幕府との関係を中心に――」（『加能史料　会報』一五号、二〇〇四年）
下坂守『京を支配する山法師たち――中世延暦寺の富と力――』（吉川弘文館、二〇一一年）
下坂守『中世寺院社会と民衆――衆徒と馬借・神人・河原者――』（思文閣出版、二〇一四年）
下坂守「中世「四条河原」再考」（『奈良史学』三三号、二〇一六年a）
下坂守「祇園社・同社御旅所の役職歴代」（八坂神社文書編纂委員会編『新編　八坂神社記録』臨川書店、二〇一六年b）
下坂守「神宝「勅板」と祇園会」（『藝能史研究』二一八号、二〇一七年）
下坂守「近世祇園御旅所考」（『奈良史学』三六号、二〇一九年）
杉山美絵「戦国期の禁裏における声聞師大黒の存在形態」（『藝能史研究』一七五号、二〇〇六年）
瀬田勝哉「「鬮取」についての覚書――室町政治社会思想史の一試み――」（『武蔵大学人文学会雑誌』第一三巻四号、一九八二年）
瀬田勝哉『増補　洛中洛外の群像――失われた中世京都へ――』（平凡社ライブラリー、二〇〇九年）
高橋康夫『京都中世都市史研究』（思文閣出版、一九八三年）

高原美忠『八坂神社』（学生社、一九七二年）
田中聡『国民的歴史学運動の京都地域における展開過程に関する研究（研究代表者　田中聡）』科研費報告書、二〇一〇年
豊田武『座の研究　豊田武著作集　第一巻』吉川弘文館、一九八二年）
鳥居和之「嘉吉の乱後の管領政治」（『年報中世史研究』五号、一九八〇年）
仁木宏『京都の都市共同体と権力』（思文閣出版、二〇一〇年）
西山剛「中近世における祇園会神輿をめぐる人々――祇園会神輿駕輿丁をめぐって――」（『藝能史研究』二一八号、二〇一七年）
西山克「怪異のポリティクス」（東アジア恠異学会編『怪異学の技法』臨川書店、二〇〇三年）
八反裕太郎『描かれた祇園祭――山鉾巡行・ねりもの研究――』（思文閣出版、二〇一八年）
林屋辰三郎『中世文化の基調』（東京大学出版会、一九五三年）
早島大祐『首都の経済と室町幕府』（吉川弘文館、二〇〇六年）
福原敏男『祭礼文化史の研究』（法政大学出版局、一九九五年）
福原敏男「戦国織豊期における諸国祇園会の羯鼓稚児舞――八撥をめぐって――」（二木謙一編『戦国織豊期の社会と儀礼』吉川弘文館、二〇〇六年）
福原敏男「京都祇園祭山鉾の地方伝播――真木人形「桂男」をめぐる神話的世界――」（西日本新聞社＋福岡市博物館編、保坂晃孝監修・博多祇園山笠振興会協力『博多祇園山笠大全』西日本新聞社、二〇一三年）
福原敏男「傘鉾の話――小川祇園祭礼をめぐって――」（坂本要編『東国の祇園祭礼――茨城県霞ヶ浦周辺地域を中心に――』岩田書院、二〇一九年）

福眞睦城「祇園御霊会と行幸――なぜ天皇は神輿を避けるのか――」（『史観』一四六冊、二〇〇二年）
二木謙一『中世武家儀礼の研究』（吉川弘文館、一九八五年）
三枝暁子『比叡山と室町幕府』（東京大学出版会、二〇一一年）
村上紀夫「蜘蛛塚考」（東アジア恠異学会編『怪異学の地平』臨川書店、二〇一八年）
百瀬今朝雄「応仁・文明の乱」（『岩波講座　日本歴史7　中世3』岩波書店、一九七六年）
山路興造『京都　芸能と民俗の文化史』（思文閣出版、二〇〇九年）
山口市教育委員会『山口県指定無形民俗文化財　鷺の舞』（山口市教育委員会、一九八一年）
脇田晴子「中世の祇園会――その成立と変質――」（『藝能史研究』四号、一九六四年）
脇田晴子『中世京都と祇園祭――疫神と都市の生活――』（吉川弘文館、二〇一六年）

【図版出典一覧】

写真1：八坂神社HP内「八坂神社　写真展」（http://www.yasaka-jinja.or.jp/photo/）より
写真2：八坂神社提供
写真3：泉万里『扇のなかの中世都市　光円寺所蔵『月次風俗図扇面流し屛風』』（大阪大学総合学術博物館叢書1、大阪大学出版会、二〇〇六年）より
写真4：八坂神社提供の写真に著者加筆
写真5：泉万里『扇のなかの中世都市　光円寺所蔵『月次風俗図扇面流し屛風』』（前掲）より
写真6：いずれも国立歴史民俗博物館提供
写真7：Image:TNM Image Archives
写真8：国立国会図書館デジタルコレクション（https://dl.ndl.go.jp/info:ndljp/pid/2591110）より

写真9：泉万里『扇のなかの中世都市　光円寺所蔵『月次風俗図扇面流し屏風』』（前掲）より
写真10・11：八坂神社提供
写真12・13：米沢市上杉博物館提供
写真14：いずれも国立博物館所蔵品統合検索システム（https://colbase.nich.go.jp/collection_items/tnm/A-2425?locale=ja）より（写真14-1はトリミング加工のうえ使用）
写真15：東京大学史料編纂所所蔵肖像画模本データベース（https://wwwap.hi.u-tokyo.ac.jp/ships/shipscontroller）より
写真16：『大日本古記録　二水記　二』二二四頁より
写真17～19：東京大学史料編纂所所蔵肖像画模本データベース（https://wwwap.hi.u-tokyo.ac.jp/ships/shipscontroller）より
写真20：山口市教育委員会文化財保護課提供
写真21：いずれも国立博物館所蔵品統合検索システム（https://colbase.nich.go.jp/collection_items/tnm/A-2425?locale=ja）より（トリミング加工のうえ使用）
写真22：津和野町教育委員会提供
写真23：泉万里『扇のなかの中世都市　光円寺所蔵『月次風俗図扇面流し屏風』』（前掲）より
写真24：著者撮影
装幀使用図版：『月次祭礼図屏風』（模本）（東京国立博物館所蔵）（国立博物館所蔵品統合検索システム〈https://colbase.nich.go.jp/collection_items/tnm/A-2425?locale=ja〉を加工して作成

あとがき

祇園祭の書物といえば、そのなかでかならずふれられるであろう話を本書ではふれなかった。その話とは、平安時代の「貞観十一年」（八六九）の「天下大疫のとき」に「勅をうけたまわり」、六月七日に「六十六本の矛」を「建」て、六月一四日に「洛中男児および郊外の百姓」が「神輿」を「神泉苑」に「送」った「祭」を「祇園御霊会」と「号」するようになった、というものである。

それにふれなかった理由は、この話が江戸時代前期の寛文年間（一六六一～七三）に成立した『祇園本縁雑実記』『祇園社本縁雑録』（『新編　八坂神社記録』）よりさかのぼることは少なくともないと考えられる点にある。

室町時代の祇園会をとりあつかう本書において、その時代よりはるかにくだった時期にしかみることのできない話にふれるのには、やはりためらいを感じざるをえなかったというのが正直なところといえよう。

むしろふれるべきであったのは、『社家条々記録』にみえる、つぎのような記述だったのかもしれない。すなわち、平安時代の「元慶元年」（八七七）に「疾疫疱瘡」が「天下に起こり」、「貴賤尊卑」が「方術」（てだて）に「迷」い、「神祇官・陰陽」が「密かに「卜」したところ、「辰巳角神の御祟り」であるとの判断が示されたため、「勅使」を「伊勢太神宮」に「発遣」したものの「その減」なく、「重」ねて「稲荷社」に「進」めたものの、「またもって、その減」がなかった。

そこで、「勅使」に「辰巳角方の神明」を「尋ね計」らせたところ、「祇園社」が「御坐」するとの「奏聞」により「勅使」を「発遣」し、「当社」「宝前」に「官幣」を「奉献」した「このとき」、「疾疫たちまち除却し、疱瘡無為に属」した。その「天神の威験」に「感」じ、「昭宣公」こと、「時に摂政右大臣」であった藤原「基経」の「台榭」（高殿）を「壊ち運」び、「数宇精舎」を「立」て「社壇」となし、「天王・婆利女・八大王子ら霊躰」を「安置」した、という記述である。

これは、祇園社が「始めて」「勅願の社」になった「濫觴」についての記述である。したがって、祇園会のはじまりを説明したものではない。しかしながら、このときに「霊躰」として「安置」されたであろう「天王」「八大王子」が神輿にのり渡御する大政所御旅所が天延（てんえん）二年（九七四）に成立し、この年の「六月十四日、御霊会始めておこなわる」と同じく『社家条々記録』が記していることからすれば、少なくとも鎌倉時代末期には、「疾疫たちまち除却し、疱瘡無為に属」することを願ってはじめられた祭礼が神輿渡御であったと考えられていたことはまちがいないであろう。

もちろん「疾疫」も「疱瘡」も、平安時代の元慶元年という年だけに問題となったわけではない。室町時代でも同様であり、実際、室町時代の古記録をながめてみれば、「疾疫」「疱瘡」のみならず「赤疹」「赤疱瘡（あかもがさ）」「ハシカ」「三日病（みっかやみ）」などといった疫病の流行に京都がくりかえしみまわれていたことが読みとれる。

そして、それら疫病をおこすとされた疫神を鎮め送るために風流や山鉾などが南北朝・室町時代にたちあがってきたわけだが、それらの巡行と神輿渡御とがともに祇園会とよばれるようになったのは、それだけ疫病が京都という都市社会を深刻におびやかす存在であったことのあらわれなのであろう。

疫神も、また現代のウイルスも人の目ではみることができない。それだけに人びとは底知れぬおそろしさを感じるとともに、先行き不安におそわれ、個人としての無力さも痛感することになる。ただ、ひとりでは何もできなくても、力をあわせていけば、かならず鎮まり、乗りこえていくことができる、そのような先人の経験と英知が神輿渡御にも山鉾巡行にも蓄積され、うけつがれてきたように思われる。

祇園祭という祭礼が、室町時代以降、さまざまな困難におそわれ、一時期とだえるようなことがあっても、ふたたび息を吹き返し、現代にまでつづけられてきたという事実そのものが、なによりそのことをあらわしているように思われる。

さて、今回も史料の写真や図版の掲載にあたって、宗教法人八坂神社・山口市教育委員会・津和野町教育委員会をはじめとした関係機関各位に格別のご理解・ご厚情をたまわった。記して感謝申し上げたいと思う。また、常日頃より八坂神社文書編纂委員会の先生方には、さまざまにご教示をいただいており、本書を執筆するにあたっても多大な恩恵を得た。そのご恩返しができるようこれからも精進を重ねていきたいと思う。

最後に、本書も『戦国仏教と京都』と同様、法藏館の丸山貴久氏にお世話いただくことになった。種々の無理をお聞き入れいただいたうえ、りっぱな書物にしあげていただいた氏のご尽力にあらためて御礼申し上げたいと思う。

六月一四日

河内将芳

本書は二〇一九～二二年度日本学術振興会科学研究助成事業・基盤研究C・課題番号一九K〇〇九六七の研究成果の一部である。

河内将芳（かわうち　まさよし）

1963年大阪市に生まれる。1987年京都府立大学文学部卒業。1999年京都大学大学院博士課程修了。京都大学博士（人間・環境学）。現在奈良大学文学部教授。主な著書に、『中世京都の民衆と社会』（思文閣出版、2000年）、『中世京都の都市と宗教』（思文閣出版、2006年）、『祇園祭と戦国京都』（角川叢書、2007年）、『秀吉の大仏造立』（法藏館、2008年）、『祇園祭の中世——室町・戦国期を中心に——』（思文閣出版、2012年）、『絵画史料が語る祇園祭——戦国期祇園祭礼の様相——』（淡交社、2015年）、『戦国仏教と京都——法華宗・日蓮宗を中心に——』（法藏館、2019年）などがある。

室町時代の祇園祭

二〇二〇年七月一七日　初版第一刷発行

著　者　河内将芳
発行者　西村明高
発行所　株式会社　法藏館
京都市下京区正面通烏丸東入
郵便番号　六〇〇-八一五三
電話　〇七五-三四三-〇〇三〇（編集）
〇七五-三四三-五六五六（営業）

装幀　野田和浩
印刷　立生株式会社　製本　清水製本所

ISBN 978-4-8318-6263-1 C1021

秀吉の大仏造立	河内将芳著	二、〇〇〇円
戦国仏教と京都　法華宗・日蓮宗を中心に	河内将芳著	七、五〇〇円
京都地蔵盆の歴史	村上紀夫著	二、〇〇〇円
近世京都寺社の文化史	村上紀夫著	八、〇〇〇円
足利義満と禅宗	上田純一著	二、〇〇〇円
延暦寺と中世社会	河音能平 福田榮次郎　編	九、五〇〇円
描かれた日本の中世　絵図分析論	下坂　守著	九、六〇〇円

法藏館　　価格税別